凡例
市街地
大字
縣道
縣道豫定線
郡道
里道
河川
海底電線
中學校
佛閣神社
名勝古跡
相川町
澤根町
二宮村
二見村
眞野村
西三川村
羽茂村
赤泊村
畑野村
新穗村
松ケ崎村
岩首村
河崎村
水津村
眞野灣
西濱
西浦
前濱
東浦
內浦
三崎
大日岳
經塚山
直江津へ 七十四浬
伏木へ百二十五浬
敦賀へ二百二十五浬
酒田へ八十浬
寺泊へ二十三浬
38°00′
38°50′

村に立つ教育

—佐渡の僻村が挑んだ「村を育てる学びの共同体」の創造—

知本 康悟

本の泉社

はじめに

今、地域と教育に必要なのは「物語」であると思う。

フィクションとしてではない。私たちが生まれ、育った地域の歴史的事実に込められた知恵と希望の「物語」である。それは消えることのない記憶として、積み重なる地層のように地域を形づくり、時代が発する問いを待っている。

一九三〇年代から敗戦をはさんだ一九五〇年代―この国と日本人が最も大きな困難を背負わされた時代―新潟県の離島佐渡に、人を育てることを通して地域づくりを進めた村があった。新潟県旧佐渡郡羽茂《はもち》村（現佐渡市羽茂）、佐渡の西南海岸にある小さな村である。佐渡は私の故郷であり、ここ羽茂で教員生活の最後を勤めた。

今、地方と都市とを問わず、地域共同体が揺らぐ中で、改めて、人と自然、人と人とのかかわりを通し、新たな地域共同体の姿を模索する動きが出てきている。三・一一東日本大震災以降、それは文明史的な課題となった。

その核になるのは、何だろうか。私は、地域に、命と人を育てるための多様な人間的連帯（現代の「人垣」）を創り出すことであると思う。一九三〇年代から一九五〇年代にかけて、地域と学校がひとつになり、人を育てるための陶冶と教育の場として「学びの共同体」をつくり村づくりを進めた旧羽茂村の歩みは、そのための歴史的なヒントに満ちている。また、「学びの共同体」を形成する過程では、魅力に満ちたさまざまな人びとが登場する。中心的な人物をあげるなら、それは、小学校の校長であり、村長を務めた味噌工場の社長であり、歌人であったりするが、彼らを駆り立てたのは、名もなき青年や母親たちだった。子を思い、村を思い、明日を考えようとする多様な個性が、一つの地域と教育に、折り重なるように顔を揃えたのである。彼らが今に語りかけてくるものは何なのか。その声を聞きたい。

また現代の教育現場では、教育行政主導のもと、さまざまなかたちで学校と地域との連携が模索されてきた。改めて、地域で子どもを育てるとは何か、が問われているのである。しかし、実際の教育現場は、子どもと地域社会が大きく変貌し、矢継ぎ早に繰り出されてきた教育施策のもと、疲弊と閉塞感の色を濃くしている。先生方の教育活動を支え、子どもたちの生きる力の獲得に資する地域と学校の連携とは何なのか――教育の現場は今、そんな問いの中にある。

本書が描く、羽茂村が紡いできた地域と教育の「物語」が伝えようとするメッセージが、人を育てることを通して地域づくりを模索している教育や行政関係者、保護者や地域の人びとにとって何らかのヒントになるなら、それに勝る喜びはない。

本書は、大きく本書の視点ついて述べた「序章」、一九三〇年代から一九五〇年代にかけた羽茂村の地域と教育の歩みをまとめた「第一部」と「第二部」、そして、今日的な問題を提起した「終章」で構成されている。「第一部」と「第二部」からもお読みいただけるが、「序章」と「終章」をお読みいただくことで、羽茂村の地域と教育の「物語」がもつ意味をより深く受け止めていただけるものと思う。なお、本書引用の史・資料及び文献については、読みやすく適宜ルビを振ったことをお断りしておく。

二〇一九年六月　　知本康悟

【参考文献】

・野家啓一『物語の哲学』岩波現代文庫、二〇〇五

【目次】

第一部　戦前・戦時における地域と教育
―一九三〇年代から敗戦まで―

序章　村から見える地域と教育

一　地域教育史との出合い

私は、三五年間の教員生活の最後六年間を、故郷の佐渡で勤めた。そこで、二〇一一（平成二三）年三月に小木地区深浦小学校の、二〇一四（同二六）年三月には隣接する羽茂地区羽茂中学校の閉校、そして同年四月に、羽茂中学校と小木中学校の統合校である佐渡市立南佐渡中学校開校の任にあたった。羽茂は、本書の舞台である。校長として、保護者・地域住民そして行政と共に、閉校と開校をめぐるさまざまな話し合いと準備に明け暮れる六年間であった。それは、地域の中で七〇年、そして一〇〇年に近い学校の歴史を閉じることの重さはもちろん、学校の統廃合に伴うさまざまな考え方や地域感情を受け止めながらの日々であった。

そうした中で、私には、「地域にとって学校とは何か」という問いが生まれていた。保護者や地域住民から発せられる、時に厳しさの込められたさまざまな言葉の奥には、常にこの問いがあったのだと思う。私たちの地域にとって、私たちの学校とは何なのか、である。それは、ひとつの学校の歴史が幕を閉じることへの愛惜の念やなつかしさとは別のものである。そこには、長い年月をかけて育まれてきた、他に取り替えようのない地域と教育の歴史がある。こうして私は、この問いに突き動かされるように、また、地域の人びとの学校に対する思いに導かれるように、少しずつ閉校した二つの学校の地域と教育の歴史に目を開かれていったのである。

深浦小学校では、学校だよりに連載した地域と教育の歩みを『深浦学校物語』（二〇一一年、私家版）としてまとめ、地元に残した。そして定年退職後、私は新潟大学の大学院教育学専攻科に入り日本教育史を学んだ。修士論文のテーマは、「一九三〇年代から一九五〇年代における『村を育てる学びの共同体』の形成に関する一考察～新潟県旧佐渡郡羽茂村の場合～」である。本書は、これをもとに書かれた。

二　四つの問い

歴史とは、「現在と過去との間の尽きぬことを知らぬ対話」であるとは、E．H．カーの名著『歴史とは何か』のよく知られた一節である（岩波新書、一九六二、四〇頁）。歴史との「対話」には、現在が発する「問い」がある。私は四つの問いと、羽茂村の地域と教育の歴史との間を、行きつ戻りつした。「地域からの問い」「地域教育史からの問い」「時期区分からの問い」「村の教育からの問い」である。

羽茂村の地域と教育の事実を掘り起こし、四つの問いに向き合う。それを少しずつ掘り下げ、そこから発せられるメッセージに耳を傾けた。四つの問いは、ひとつの村の地域と教育の歴史を通し、私に「地域にとって教育とは何か」、と問いかけてきた。そして、その問いの先にある、現在というものの意味を考えるきっかけを与えてくれた。それは、私が学びと研究を進めた動機であり、帰っていくところでもある。

（一）地域からの問い

閉校そして三・一一

どんな地方の町や村にも学校はあり、たいてい一番目を引く立派な建物である。学校は、地域で、人を育て文化を育む結び目としての役目を果たしてきた。そして、ひとつの学校には、地域と共につくりあげてきた独自の教育と文化がある。それは、地域の誇りの源泉であった。こうした地域と学校の関係は自明のことであり、いつまでも続くものと思われた。しかし、学校の統廃合という事態で、状況は一変した。

閉校に関する文部科学省の調査をみると、一九九二（平成四）年度から二〇一一（同二三）

年度までの二〇年間に、閉校した公立学校は六八三四校にのぼる。一九九二年度から一九九九年度まで一〇〇校台後半から二〇〇校台前半であったものが、二〇〇一年度には三〇〇校台に増え、さらに二〇〇三年度は四〇〇校台となり、以後二〇一一年度まで四〇〇校台から五〇〇校台の間を推移した。新潟県は、三〇三校と全国で上から三番目である。(一)そのうち佐渡は、市町村合併をして佐渡市となった二〇〇四年以降現在までに、一六校が閉校した。

学校の統廃合は、もはや限られた地域のできごとではない。少子高齢化の進行とともに、地方と都市とを問わず、構造的・長期的にすすんできたのである。その影響は、ひとり学校教育に止まらない。地域の子育て世代の減少を促し、住民の生活意欲や地域活動の低下をもたらした。それは、さらなる過疎化の誘因となった。

それでは、こうした状況にどう向き合えばよいのだろうか。三・一一東日本大震災で被災し、学校ばかりか多くの命と地域そのものを奪われた東北の諸地域において、状況はさらに深刻である。そんな中にあって、岩手県大槌町の伊藤正治教育長が、震災から一ヵ月たったころ述べた、次のような言葉に耳を傾けたい。

> 形だけ元どおりにしても、おそらくうまくはいかないでしょう。しかし、大槌には、長い歳月を経て受け継いできた伝統がある。文化がある。人と人との豊かなつながりがあるのです。だからこそ、何もないこの場所から、新しいものを生み出す力がほしい。そんな力を培

えるカリキュラムをつくりたいのです。(三)

伊藤教育長が問いかけているのは、地域の〝復旧〟に止まらない。〝復興〟である。瞬時に強いられた変貌の大きさと喪失の深さは比べようもない。しかし、津波ですべてを流された大槌町の姿は、過疎化の波にさらされ、閉校に直面し、新たな地域の姿を模索している多くの地域の姿につながる。大槌町の苦しみは、過疎化がすすむ地方の苦しみそのものであり、解決すべき課題はすべての地方に共通しているのである。

ここで、伊藤教育長が、町に新しいものを生み出す力の源泉として見出したものに注目したい。大槌町の伝統と文化、人と人との豊かなつながりである。そして、それを復興の力に変えるための、カリキュラムの創造である。廃墟の上で、新生への勇気を込めて語られた伊藤教育長の言葉は、閉校に直面し過疎に悩む全ての地域に向けて発せられたメッセージでもある。地域の復興に命を吹き込む学びの場とは何か。その中で、学校はいかなる役割を果たすべきなのか。三・一一以後の日本における、学びの場の創造を通した新たな地域共同体の模索である。

現代の「地域共同体論」から

さて、こうした地域共同体をめぐる動きの背景には、経済優先の市場原理の考え方に抗するかのように出されてきた「地域共同体論」の新たな広がりがある。その代表的な論者が哲学者の内山節である。内山は、こう言う。明治や大正のように「社会が近代化を目指し」、共同体が「封建的なもの、個人の自由を奪うもの」と見えたときは、「共同体は解体すべき対象」だと考えられてきた。しかし、現代社会のように、個人としての「人間存在に迷いが生じ」、さらに「自然と人間との関係を問い直そうという問題意識が芽生えてくると」、共同体に向けられていたそんなまなざしは変わってきた。そして、現代においては、共同体を通して、「自然と人間が結びなおし、人間と人間が結びなおしていく」そういう社会のありかたを捉え直そうという意識が広がってきた、と（内山1、二〇一五）。共同体が、過去の遺物ではなく、未来を創りだす場として考えられるようになったのである。

三・一一を通し、私たち日本人が問われたのは、市場原理のもと、ひたすら生産と効率を求められ、人と自然、人と人が分断されるような生き方そのものであった。現代の日本社会は、「希望格差社会」（山田、二〇〇七）という言葉に象徴されるような閉塞感の内に置かれている。三・一一は、私たちに、その廃墟の中から、地域共同体のつかみなおしを通し、地域で、人と自然、人と人が結びなおし共に生きる場をどう創り出していくのか、と問うたのである。これが、地域から発せられた一つ目の問いである。それは、地域共同体を舞台に、地域の中に希望を育てる新たな生き方のテーマである。

震災から八年がたち、いまだに避難者は五万人を超える。原発事故は、原発が、復興はいうまでもなく、復旧そのものと相容れない存在であることを教えている。その一方で、原発再稼働を押し進める政府が、「復興五輪」を謳う現実がある。こうして、中央で復興が使われる中、新生への勇気と希望を込めた地域再生の足音が、東北の地で響いている。しかし、あの時間われたのは、私たち日本人と日本の今とこれからでもあったはずだ。「地震がもたらしたのは、日本の破滅ではなく、新生である。おそらく人は廃墟の上でしか新たな道に踏み込む勇気を得られない」（柄谷、二〇一二）のだという、哲学者柄谷行人《からたにこうじん》の言葉は、今重い。

（二）地域教育史からの問い

それでは、こうした共同体をつくるヒントは、どこにあるのだろうか。それは、歴史の中にあるのだと思う。ひとつの地域に目を据える。そして、「どういう前提条件、どういう基盤からどのような共同体が成立していったのか」（内山2、二〇一五）を捉え直す。そこから、地域づくりにかかわる有意なメッセージ（ヒント）を探ることができるはずである。歴史を通した地域と教育のつかみなおしである。

その際、私がつねに問われたのは、どんな立場で何のために歴史を書くのか、ということである。教育史家の佐藤秀夫は、地域教育史に課された学問的な責任にかかわって、「『私欲』からではなく、逃れられようもない自分たちの地域に責任をもつことから始まるところに、一言でいえば、地域教育史研究の本領があるのではないかと考える」（佐藤秀夫1、一九七二、傍点・知本）と、述べた。佐藤はそれを、「研究の在地性」と表現している（佐藤秀夫2、一九七二）。そこには、アカデミズムにありがちな、「学会にあれこれの業績を提示して覇《は》を求めようとするタイプの『研究』」との立脚点の違いが、強く意識されていた（同前）。

逃れようもない自分たちの地域には、他の地域と取り替えようもない地域と教育の歴史がある。地域が抱える課題を見つめながら、史・資料を掘り起こし、人と出会い、対話をし、その歩みを振り返る。それを、地域固有の自立した歴史として描き出す。こうして日本の各地で、地域と教育の歴史が明らかになり、少しずつ全体史として構成されたとき、次の時代のあり方を問う地域教育史像が描かれていくのだと思う[三]。

なぜ私が、ひとつの村の地域と教育の歴史を追うことにこだわったのか。それは、こうした「研究の在地性」に足場を置きながら、「地域教育史の研究は、現実の地域づくりにとって有効か」という問いに向き合うためである。これが、地域教育史からの二つ目の問いである。

（三）時期区分からの問い

一九三〇年代から一九五〇年代

私は、一九三〇年代から一九五〇年代という時期の中で、羽茂村の地域と教育の歴史を追ってきた。しかし初めから、この時期設定を意識していたわけではない。羽茂村の歴史的な事実をひとつひとつ検証し確認を積み重ねるなかで、このまとまった時期に、意味のある事実のつながりを見出すようになったのである。それでは、この時期に羽茂村を置くことで、羽茂村が持つどのような地域教育実践の価値が見えてくるのだろうか。

そもそも、一九三〇年代から一九五〇年代とは、近代日本が、八月一五日の敗戦をはさみ、戦前・戦時・戦後と最も大きな困難を背負わされた時代である。したがって敗戦を起点や帰結とする戦後史や戦前史は多く書かれてきた。その一方、この時期区分で、ひとつの地域を舞台に書かれた地域と教育の歴史があることを、寡聞《かぶん》にして知らない。[四] しかし、羽茂村の地域と教育の歴史が示す事実は、この時期に位置付けられて明らかにされるべきことを示唆していた。

それではこの時期は、地域と教育の歴史にとって、どのような特色を持っているのだろうか。近代の地域と教育の歩みをざっと追いながら考えてみたい。

江戸時代以来、地域（村）では、農業をはじめそれぞれの家業にもとづく人間形成が行われてきた。家と村を担う一人前を育てる教育である。明治に入り、そんな地域共同体の教育に体系的に組み込まれてきたのが、学校教育である。学制発布以降、初等教育による国語の普及や修身教育は、国民に労働者や軍人としての資質を育て、近代国家を担う人材を育てる教育的基盤をなした。[五]

そして一九三〇年代には、小学校尋常科の就学率が学事統計上九八%、九九%を超え、女子の中途退学者も減少した。初等教育が実質的に普及したのである（土方、一九九四）。これが、地域における学校教育普及のバロメーターであった。さらに、第一次大戦後の工業化に伴う経済成長に伴い、それを担う国民を育てるべく、中等教育・高等教育への進学機会の拡大と大衆化がすすんだ。地域において、個々のライフサイクルに、学校による人間形成のシステムが受け入れられようになったのである。そのさい就学の機会は、中学校や高等女学校そして各種実業学校への進学に止まらず、高等小学校や青年学校に進むことで保障された（木村1、二〇一二）。一九三〇年代には、農村部でも、小学校卒業後、中等学校に進学する時代を迎えたのである。そうした意味で、一九三〇年代は、戦後六・三・三制教育の出発点に当たる。

さて戦後、こうした学校による人間形成が地域社会において急速に進むのが、高度成長期である。一九六〇年代以降上昇を続けた高校進学率は、七〇年代には九割を超えた。義務教育を終えれば、みなが高校に進学する時代が来たのである。それは、六・三・三制という戦後の学校教育による人間形成のシステムが、日本社会に定着したことを意味していた。現在につながる「学校化社会」は、こうして始まった。その結果、地域において、学校教育が、「これまで実質的に大きな影響力をもっていた地域共同体（ムラ）の人間形成に取って代わることになった」のである（木村2、二〇一三）。そして、一九六〇年代以降、子育ての場としての地域共同体は解体されていった。

本書が設定した一九三〇年代から一九五〇年代という時期は、こうして子育ての舞台が、地域から学校へと転換する歴史的過渡期に当たっていたのである。

戦前と戦後の継続と断絶

ところで、一九三〇年代から一九五〇年代には、日本の近現代史にとってもっとも大きな八月一五日の敗戦という歴史的な転換点がある。教育も含め戦後社会は、その日を境に、戦前的な価値の否定の上に成り立ってきた。しかし、戦前の社会が、八・一五を境にして、一夜のうちにそのあり様を変えたわけではない。墨ぬりの教科書に象徴されるように、軍国主義的なものから戦後民主主義的なものへと価値の転換が図られたとしても、学校自体は、戦前からその地域にあり続けていたのである。ここで問われるのは、戦前と戦後との連続と断絶の問題である。

教育学者の荒井明夫は、一九四五年八月一五日を、日本現代史における価値観の大きな転換点としたうえで、「戦前・戦後の連続性とともに、一九四五年八月一五日を転換点とした非連続性を重ね合わせた、いわば複眼的視点が必要である」（荒井1、一九九六）と指摘した。そして、「いかなる意味において連続しいかなる意味において非連続なのかを明確にしなければならない」（荒井2、一九九六）と、その内実を問うた。また歴史学者の森武麿は、「現在の断絶と連続の問題は、戦前と戦後や戦時と戦後ではなく、戦前期、戦時期、戦後改革期、一九五〇年代論、一九六〇年代高度成長論という五つの時期の連続と断絶を統一的に把握することが現在求められていると言えよう」（森1、二〇〇二）と、戦前期から高度成長期に至る五つの時期の連続と断絶を統一的に把握する必要性を説いている。

ここで求められているのは、八月一五日の敗戦で、戦前と戦後が断絶する歴史ではない。それを転換点に、戦前と戦後を複眼的かつ統一的にとらえ、その時代的な意味を、歴史的事実に即して明らかにすることである。

可能性としての一九五〇年代

では、戦前・戦時・戦後と積み上げてきた羽茂村の地域と教育の歩みが、ひとつの教育的な成果として姿を現す一九五〇年代とは、戦後の地域と教育にとってどのような時代だったのだろうか。

社会学者の見田宗介は、戦後社会を、一九四五年の敗戦と戦後改革から一九六〇年に至る（プレ高度成長期）「理想」の時代、六〇年代から七三年ごろまで（高度成長期）の「夢の時代」、七〇年代後半から現在まで（ポスト高度成長期）の「虚構の時代」という三つに区分した（見田、二〇〇六）。こうした見田の時期区分に従えば、一九五五年に生まれた私は、「理想の時代」に生を享け、「夢の時代」に少年期から青年期を送り、以後教師として「虚構の時代」を生きてきたことになる。

このうち戦後史における一九五〇年代は、民衆が、敗戦から戦後改革期を経、政治の逆コースに対峙しながら、戦後民主主義を地域に根付かせるべく「理想」を求めて生きた時代である。歴史学者で経済学者でもある雨宮昭一は、こうした一九五〇年代を、一九四〇年代の占領から解放され、国家や資本からも独立したコミュニティが存在する「固有の社会」と捉えた。そして、「その固有性において、多くのメッセージを、私たちに伝えてくれる」（雨宮、一九九〇）と、その時代的な価値に着目した。

　また教育の側からも、一九五〇年代は、「学校というものが、戦後の自由の下で地域に根づき、日本の近現代史において、民衆から学校が最も信頼された時期ではなかったか」（堀尾輝久他、一九九六）と、評価されてきた。例えば教育学者の佐藤隆は、一九五〇年代前半の学校像について、「ほんのわずかの時間ではあったが、今日に至るまで教育研究運動が描いてきた原イメージのひとつとされるような学校が現実化していたのが五〇年代前半のこの時期であったのではないだろうか」（佐藤隆、一九九六、傍点・知本）と述べ、その代表的な成果として、無着成恭の『山びこ学校』を挙げている。一九五〇年代の教育現場は、教育の「逆コース」がすすむとともに、日本が高度成長期の入り口に入り、さまざまな矛盾を抱えていた。しかし、一方で、こうした一九五〇年代が持つ時代的な可能性の中にあったのである。

　さて、現代日本の社会と教育の骨格は、一九六〇年代から七〇年代初めにかけた高度成長期につくられた。本書が対象とするのは、その前の一九三〇年代から一九五〇年代という、近代日本から現代日本への転換期に当たる。転換期には多くの葛藤と未発の可能性がある。自らの力で新しい時代と価値を創り出そうとするエネルギーがある。敗戦から戦後改革を経た一九五〇年代は、その可能性とエネルギーに満ちた時代であった。

戦前・戦時・戦後と近代日本が最も危機的かつ大きな価値の転換を経験した時代に、羽茂村が、地域と教育を通して創り出そうとした村の姿とは何か。見田がいう「虚構の時代」が出口を見失い、その先の時代の姿を模索している今、一九五〇年代という「理想の時代」が発するメッセージから、どのような歴史的なヒントを見い出すことができるのだろうか。これが、時期区分から発せられた三つ目の問いである。

（四）村の教育からの問い

問い直される農本主義的教育

かつて日本は農業国であった。江戸時代の農民人口は八〇％を超え、明治の初めころまで変わることはなかった。しかし、近代化が進むにつれ農業をはじめとする第一次産業に従事する人口は、減少の一途をたどった。一九二〇（大正九）年には、五三・八％と何とか五割以上あったものが、昭和に入ると、一九三〇（昭和五）年四九・七％→一九四〇（同一五）年四四・三％→一九五〇（同二五）年四八・五％→一九六〇（同三五）年三二・七％、一九七〇（同四五）年一九・三％→一九八〇（同五五）年一〇・九％と推移した（「表三―一　産業（三部門）別一五歳以上就業者数の推移―全国〈大正九年〜平成一七年〉」総務省統計局、二〇〇五、国勢調査)。戦後食糧難の一時期を除き、以後高度経済成長の進展と歩調を合わせるかのように急激に減少したのである。現在は、約四%と極めて危機的な状況にある。

しかし、本書が対象とする一九三〇年代から一九五〇年代は四〇%台から三〇%台と推移し、まだ日本人の三人に一人は第一次産業に従事していた。その中で羽茂村の農業人口は、一九三八(昭和一三)年八〇%(「昭和一三年　新潟県統計書」新潟県、昭和一五年発行)、一九六〇(同三五)年七六%(「昭和三二年　新潟県統計年鑑」新潟県統計課、昭和三七年発行)であり、羽茂村は典型的な農業村として歩んできた。こうして見てくると、一九三〇年代から一九五〇年代の地域と教育を考える上で、教育と農業との関連を明らかにすることは、最も基本的な課題であることが分かる。そこで、この時期各地の農村で取り組まれていた農本主義的教育について考えてみたい。

農本主義とは、「近代において、農業をもって立国の基本であるとする考え方」(『大辞林』一九八八)である。明治以降、農村共同体の解体がすすむなかで農本主義の主張は強まり、とりわけ昭和初年の農村恐慌は、危機意識に突き動かされたさまざまな農本主義者たちの活動を促した。そして戦時下には、その共同体的志向が右翼思想とつながり、ファシズムの精神的な支柱にもなった。しかし、このことをもって、現在まで農本主義がもつ価値が過小評価されてきたことは、不幸なことであったと思う。農本主義者の宇根豊は、戦前の代表的な農本主義者で超国家主義者でもあった橘孝三郎（一八九三―一九七四）の「人間は天地自然のめぐみを、農を本として受けとることなしに生存しえなかったのであり、未来永劫にそうであろう」（『農本建国論』一九三五）という言葉を引きながら、次のように述べている。

私はこの「農を本（母体）として」という使い方に感動します。彼が言う「天地自然のめぐみ」とは「食料」だけではなく、そこで働くことも、自然環境も地域社会も伝統文化も含まれます。（中略）この天地自然のめぐみは、農が土台（本）にあるから受け取れる、受け取る農があるから「めぐみ」となるという表現は重要です。これこそ「農本」という言葉のいちばん深い使い方で、資本主義社会が見失おうとしている人間の本来の感覚です。

（宇根、二〇一六）

こうした、農を本として天地自然の恵みを受け取るという考え方は、白樺派などの人道主義者や杉山元治郎のようなキリスト教者、石川三四郎のようなアナーキストから加藤完治などの日本精神主義まで、思想的な立場を異にするさまざまな人を引き寄せたのである。

さて、農が土台になって受け取れる地域社会の中には、教育も含まれるはずである。教育史家の三羽光彦は、農本的な教育実践が、何よりも「農林業を生業とし農村共同体を生活の基盤とする人々」を社会変革の主体にしながら、「農民・民衆が、自らの意志のもとに主体形成を行う自己教育運動であること」に着目した。そして、一九三〇年代の農本主義的な教育実践である全村教育や興村教育を、「民衆教育の新たな再生を目指したもの」として評価した（三羽1、二〇〇八）。農本的な教育実践は、長い間支配への忍従を強いられてきた農民を主体とする、自己教育運動としての可能性をもっていたのである。

また三羽は、戦後も、地域教育計画や地域に根ざす教育実践の多くは「農本的傾向を持ち、人的にも思想的にも戦前からの系譜の中で開花している場合が多い」ことを指摘している（三羽2、二〇〇八）。戦後教育の記念碑的な作品である東井義雄の『村を育てる学力』と無着成恭の『山びこ学校』は、兵庫や山形の貧しい山村から生まれた。また、一九五〇年代の代表的な地域教育実践である岐阜県恵那の教育の前史には、興村教育の伝統があった。そして、本書の舞台である羽茂村は、一九三〇年代に村を担う人材を育成すべく村立農学校を設立し、一九五〇年代には地域と幼・小・中・高一体となった全村教育を展開したのである（この点については、後に詳しく述べる）。

それでは、村の中で、人はどのようにして育てられてきたのだろうか。

村の人間形成

「むら（村）」は、使う場面や意味合いによって、「むら」や「村」と表記される。「むら（村）」は、農業・漁業等の第一次産業を基本的生業とする家々によって構成される社会のことである（『日本民族事典』大塚民俗協会、一九七二)。「むら」は、市町村という基礎的な自治体としての「村」と、それよりもっと小さな生活・生産の単位となる「むら」があった。明治に入り、江戸時代以来の「むら」が合併を繰り返し、一八八九(明治二二)年の町村制により「村」となった。しかし「村」の生産や生活は、実際には「むら」を単位に成り立っていた。寺社、寄り合い、青年団、消防団、入会地や水の管理、講や祭りがそれであり、最も活力を有する生産と生活の場であった。そうした「むら」は、行政村としての「村」の中に「大字・区・部落」という名称で組み込まれた(六)。また「むら」には、さらに小さな単位として「小字・組」があり、五人組や講《こう》中《じゅう》として冠婚葬祭などで相互扶助の役割を果たしてきた。私は、新潟県旧佐渡郡真野町大字四日町の出身である。それを「村」の時代に置き換えれば、佐渡郡真野村の、大字四日町になる。そして、住所には示されないが、四日町の小字である上組・中組・下組のうち、上組に所属していた。

その村も、近代に入り町村合併を繰り返すなかで、村から町に、そして市へと組み込まれ、急激に減少してきた。羽茂は、一九〇一(明治三四)年、羽茂本郷村、千手村、大橋村が合併して羽茂村となった。そして、一九五五(昭和三〇)年、隣村の西三川村との極小規模な合併を経て、一九六一(同三六)年に町制を施行した。羽茂町の誕生である。現在は、二〇〇四(平成一六)年の佐渡市発足に伴い、佐渡市羽茂である。本書が対象とする一九三〇年代から一九五〇年代の羽茂村は、羽茂がちょうど村から町へと移行する過渡期に当たる。

では、こうした村の変遷は、地域と教育にとってどのような意味を持つのだろうか。村には、ふたつの人間形成の流れがあった。ひとつは、江戸時代以来の、家と農村を担う一人前の子どもを育てるための村里の教育である（神田、二〇〇六）。そしてもうひとつは、近代国家の形成を担う人材を育てるための学校教育である。近代の教育は、後者が前者に組み込まれるように展開してきた。問題は、このふたつの教育の関係である。

江戸時代以来、村で子どもに分ける土地は限られていた。村で行われていた堕胎や間引きや身売りの背景には、そうした村の状況がある。しかし村は、「一たび子どもとして育てると決めたら、家の子どもとしてではなく血縁、地縁、みんなの子どもとして」一人前に育てることを考えた（神辺、二〇〇六）。それは、家ばかりか村の共同体を維持するためであった。男の子どもの場合、その年齢ごとに、農作業を担うことができる体力とさまざまな技能、そして村人としての所作を身に付けた。そして、一五歳になって米一俵背負うことが出来れば、一人前と認められ、村の働き手として、結《ゆい》などに参加することが認められた。(七) こうして子どもは、村の子どもになったのである。

さて、読み・書き・そろばんのように、学校教育が、一人前を育てるうえで役に立つ教育として村人に受け入れられているうちは、学校教育との間で大きな矛盾は生じなかった。しかし、学校教育の普及は、子どもたちを少しずつ農作業から「解放」しつつ、子どもたちの進路を、農業以外の多様な道へと開いていった。子どもにとってそれは、「自由」の拡大であるとともに、日本の近代化と工業化に必要な人材として資本主義体制に組み込まれることを意味していた。「村を捨てる学力」を身に付けた子どもたちは、農村や漁村をあとにして都会へと向かった。結果、第一次産業に従事する人口は減少の一途をたどり、農村は衰退した。同時に、「地域の子どもは地域で育てる」という、地域共同体の教育的な機能そのものも失われていったのである。

しかし考えてみれば、村で一人前を育てることこそ、生きる力の獲得そのものであった。それが、村里の教育と学校教育が一体のものとして展開されたなら、地域において学校教育は大きな力を発揮したはずである。しかし教育史家の八鍬友広が言うように、不幸なことに、「共同体の衰退にともなって、それがもっていた人間形成力もまた衰退してきた」にもかかわらず、「これにかわる道筋が再編成されないまま、一般的な教育を眼目とする学校のみに将来を託すること」になったのである。問題は、地域社会に、「学校教育そのものではなく、人間形成のための新しい共同の関係をどのように再形成するのか」であった（八鍬、二〇〇二）。

一九六〇年代の高度成長期を前に、羽茂村もこうした地域における子育ての転換期にあった。そこから見える地域と教育の姿とは何か、それはどのような可能性をもっていたのか、これが本書の四つめの問いである。

さて村は、ただ権力の支配に服し翻弄《ほんろう》されてきただけの存在ではない。村は、村人としての豊かな生をまっとうするための自律した生活と生産の場であり、抵抗の拠点であった。村は、そのために人を育て、育てるための教育の構造を村の中につくり出してきた。それは、すぐそこにあるどの村でも同じである。近世史家であり私の高校時代の恩師である田中圭一（一九三一—二〇一八）は、『村からみた日本史』の中で、「江戸時代を村の側からみなおすことは、江戸時代を生きた人（百姓・町人）の英知を知るための歴史の方法」であり、「百姓を政治の被害者の座から歴史を動かす主役の座に引きあげること」が課題だ、と述べている（ちくま新書、二〇〇二、二三五頁）。村の教育も、同じではないだろうか。

近現代の教育の基底をなしてきたのは、村の教育であると思う。しかし、戦後教育史を飾る無着成恭や東井義雄など多くの著書を残した著名な実践家や研究者、そして組合活動家がかかわった地域教育実践程に、そこにある地域（村）と教育の歩みが、どれだけまとまった研究の対象になってきたであろうか。

学校の記念誌も、教育史研究の世界では、閉校に直面した地域の人びとの思いとは別のところで、資料的な価値として値踏みされてきたというのが、現実である。研究者は、都道府県や市レベルの教育史にかかわっても、義務制の学校の記念誌などの制作にかかわることは、まずない。しかし、地域と最も接するところで書かれる学校と教育の歴史は、閉校記念誌であり、周年誌である。それは、地域住民自身が書く地域と教育の歴史であり、何よりも住民が歴史意識を形成する場である。そして、地域と教育に関わる資料の発掘と保存の最前線でもある。そのために掘り起こし集められた史・資料の多くは、その後保存される運命にはない。現場では、法的に保存義務のあるもの以外は、色がさめたものから廃棄されている。現場を責めることは出来ない。

ここで最後に、一九五〇年代前半に展開された国民的歴史学運動の記念碑的な一文として記憶されてきた、石母田正の「村の歴史・工場の歴史」の、次の一節を思い起こしておきたい。

民衆のいるところ、生活のあるところにはどこにでも豊かな歴史がある。学者や教師の眼のとどかないところで営まれている歴史は民衆自身が書かねばならない歴史である。

（石母田正『歴史と民俗の発見―歴史学の課題と方法―』東京大学出版会、一九五二、二八四頁）

この石母田が提起した民衆にとっての歴史学の意味は、決して色あせてはいない。

【注】

（一）閉校数（文部科学省は「廃校」と表記）については、「概要 廃校施設等活用状況実態調査の結果について」中の「資料一 公立学校の年度別廃校発生数（平成四年度～平成二三年度）」及び「資料二 公立学校の都道府県別廃校発生数（平成四年度～平成二三年度）」（「廃校施設等活用状況実態調査について 平成二四年九月一四日報道発表配布資料一覧」文部科学省）による。文部科学省は、閉校施設の活用については大きな関心を払い調査検討などを進めているが、閉校等に伴う学校の史・資料の保存活用に関しては特別な対策はとっておらず、憂慮すべき状況であることを附記しておきたい。

www.mext.go.jp/b-menu/houdou/24/09/1325788.htm

（二）ここで引用した岩手県大槌町の伊藤正治教育長の発言は、文部科学省創造的復興教育研究会著『希望の教育　持続可能な地域を実現する創造的復興教育』東洋館出版社（二〇一四）の「序」七頁に紹介されている。文部科学省創造的復興教育研究会とは、「東北の復興支援に携わりつつ、公私において復旧を越えた教育の復興を目指す創造的復興教育の取組に共感し、応援しようとする有志職員による任意の会」（同書奥付）であり、日本の教育行政の中枢を担う役人による取り組みとして注目される。

（三）歴史学者の中村政則は、地方は全体を構成する「不可欠の有機的一環」であり、「そういう個性・特色をもった地域の歴史が全体史を構成するのであって、その逆ではありえない」（中村政則『日本近代と民衆』校倉書房、一九八四、四二頁）と、全体史と地域史の関係を示した。次に、教育史家の花井信は、地域の教育が、国家の支配下に置かれても、その「自立への苦闘は地域民の時代経験として歴史通貫的に蓄積」され、大事の時に「時代と社会を切り開く人々の指針に成り代わるに違いない」（花井信、三上和夫編著『学校と学区の地域教育史』川島書房、二〇〇五、二〇九頁）と、地域教育史の今日的な価値に対する確信を述べた。

（四）大門正克は、『全集　日本の歴史　第一五巻　戦争と戦後を生きる』（二〇〇九、小学館）で、一九三〇年代から一九五五年までの時期設定で民衆の歴史を描いている。同時期を、「人びとの生存が危機に瀕し、生存の仕組みが大きく変わった時代」としてとらえ（同著、一五頁）、聞き取りなどを通し『生存』を核にして、人びとの経験や声のなかにこの四半世紀の歴史を読み解こう」とした（同前、三六一頁）。戦前と戦後の関係についても、「敗戦・終戦が大きな画期であった」としつつ、「戦後は戦前・戦時との深い関連のなか」にあり、「戦前・戦時と戦後の継続と断絶の両面注意して歴史の流れを把握したい」

（同前、一七頁）と述べている。視点と一九五〇年代の時期設定、及び研究の手法は異なるが、本書の問題意識と通じるものがある。

（五）教育の歩みの概観については、主に、大内裕和「『国民』教育の時代」（『岩波講座　近代日本の文化史〈八〉感情・記憶・戦争』二〇〇二）及び八鍬友広「第五章 近世民衆の人間形成と文化」（『新体系日本史一六 教育社会史』辻本雅史・沖田行司編、山川出版、二〇〇二）を参考にした。

（六）「むら」に関する記述は、日本村落研究会編著『むらの社会を研究する—フィールドからの発想』農山漁村文化協会（二〇〇七）及び、鳥越皓之『増補版　家と村の社会学』世界思想社（一九八五）による。

（七）民俗学者の宮本常一は、自らの体験を踏まえ、一人前になるための仕事を次のように紹介している。耕作についてみると、まず田植えの苗運びがはじめであり、秋の稲刈りには稲と稲扱きの藁も運ぶ。九歳から一〇歳になると米搗き、麦搗き、草履づくりとなり、女の子は子守という大役を果たした。多少腕が強くなってくると軽い小さな鍬と鎌を持たされ、それが使えるようになると下肥桶をかつがされた。これができるようになると、村人が「最高の限界に達した」と認めてくれた。そして、一五になれば、米を一俵背負わされ、これができたら「一人前として若衆仲間に入る値打ちがあるもの」とされた。（『家郷の訓』岩波文庫、一九八四、一〇二〜一一三頁）

【参考・引用文献】

序章

一　地域からの問い

・内山節『内山節著作集一五 増補 共同体の基礎理論』農山漁村文化協会、二〇一五（内山1、四四・四五頁）
・山田昌弘『希望格差社会』筑摩書房、二〇〇七

・柄谷行人「地震と日本」『現代思想』五月号、第三九巻第七号、青土社、二〇一一（柄谷、二五頁）

二　地域教育史からの問い

・前掲『内山節著作集一五 増補 共同体の基礎理論』（内山2、一〇五頁）
・佐藤秀夫「地域教育史研究の意義と課題」『教育学研究』第四三巻第四号、一九七二（佐藤秀夫1、八頁）（佐藤秀夫2、四頁）

三　時期区分からの問い

・土方苑子『近代日本の学校と地域社会─村の子どもはどう生きたか─』東京大学出版会、一九九四（土方、一六頁）
・木村元編著『日本の学校受容　教育制度の社会史』勁草書房、二〇一二（木村1、二七〜三一頁）
・木村元「四　戦後教育と地域社会─学校と地域の関係構造の転換に注目して」『シリーズ 戦後日本社会の歴史二　社会を消費する人びと　大衆社会の編成と変容』岩波書店、二〇一三（木村2、九七頁）
・荒井明夫「一章　戦後教育改革期の民衆と学校」堀尾輝久他編著『〈講座学校　第二巻〉日本の学校の五〇年』柏書房、一九九六（荒井1、一四〜一五頁）（荒井2、一五〜一六頁）
・森武麿「戦前と戦後の断絶と連続:日本近現代史研究の課題」『一橋論叢一二七（六）』二〇〇二（森1、六五〇・六五一頁）
・見田宗介「三　夢の時代と虚構の時代」『社会学入門─人間の社会の未来』岩波新書、二〇〇六（見田、七一頁）
・雨宮昭一「Ⅶ　一九五〇年代の社会」歴史学研究会編『日本同時代史　三』青木書店、一九九〇（雨宮、

二六二〜二六三頁）
・堀尾輝久他編著『〈講座学校 第二巻〉日本の学校の五〇年』柏書房、一九九六（堀尾他、七頁）
・佐藤隆「二章　教育政策の『転換』と学校」（同前）（佐藤隆、六七頁）

四　村の教育からの問い

・宇根豊『農本主義のすすめ』ちくま新書、筑摩書房、二〇一六（宇根、一七頁）
・三羽光彦「一九三〇年代における農本的全村教育の思想と実践（一）―民衆教育の視座からの理論的検討―」『教育学基礎研究 第一号 近代日本における農本的地域教育実践に関する研究』芦屋大学大学院教育学研究科教育学基礎研究室、二〇一五（初出は、芦屋大学紀要『芦屋大学論叢』第四八号、二〇〇八）（三羽1、三頁）（三羽2、二頁）
・神田嘉延「地域における教育と農」日本村落研究学会編『年報 村落社会研究 第四二集　地域における教育と農』農山漁村文化協会、二〇〇六（神田、一七頁）
・神辺靖光「近世日本・庶民の子どもと若者―子殺し、育児、しつけ、折檻」広田照幸偏著『リーディングス 日本の教育と社会 第三巻 子育て・しつけ』（神辺、三三九頁）
・八鍬友広「五章　近世民衆の人間形成と文化」辻本雅史・沖田行司編『新体系日本史 一六　教育社会史』山川出版、二〇〇二（八鍬、二三八・二三九頁）

羽茂専修農学校校舎（『羽茂高等学校五十年史』）
口絵写真　羽茂高等学校五十年史編集委員会　昭和 60 年

羽茂農学校　お田植祭り（『羽茂高等学校五十年史』）
口絵写真　羽茂高等学校五十年史編集委員会　昭和 60 年

第一部　戦前・戦時における地域と教育
—一九三〇年代から敗戦まで—

第一章　羽茂村の生活風土と教育の伝統

一九三〇年代の羽茂村の地域教育は、長い間培われてきた村の生活風土と、教育の伝統の上に築かれた。それは、教育が、風土的個性に根ざし、地域とひとつになりながら、人を育て、経済的に自立した村づくりを追い求める歩みそのものであった。(一) その内発的な地域と教育の物語を、羽茂村の生活風土と教育の伝統からひもといてみたい。

「生活完結体の村」羽茂村

本書の舞台である旧羽茂村（現在は、佐渡市羽茂）は、新潟県の離島佐渡の一村である。佐渡は、面積八五五㎢、本土から西方四五㎞（最短約三五㎞）にあり、沖縄本島に次ぐ日本海側最大の島である。北に一，一七二ｍの金北山をはじめとする大佐渡の山地が連なり、中央部には、新潟県有数の穀倉地帯である国仲平野が広がる。夏は高温多湿、冬でも対馬暖流の影響で雪が少なく、果樹栽培に適している。また、一年を通して漁業資源も豊かである。そんな佐渡を、「生活完結体の島」だと言ったのは、民俗学の巨人宮本常一（一九〇七―一九八一）である。郷土史家の佐藤利夫は、このような宮本の話を紹介している。

一九七七（昭和五二）年だったと思うが、佐渡へ来島した宮本常一先生の講演の中に「佐渡は理想的な生活完結体の島」であるという話があった。その頃、いよいよトキも本格的な保護に乗り出さなければならない時期になっていた。（中略）生活完結体というのは、以前のトキのすむ島のすがたを取りもどしてからの社会環境である。

佐渡は山が高く、川の水を利用して広い水田を開くことができた恵まれた島である。また、これまで海の資源も不足することはなかった。この状態を見て、生活の自立ができる完結体の島といったのであろう。

（「『しま』の原景」季刊『しま』二一三、日本離島センター広報課、二〇〇八、七五頁）

佐渡は、他の島と比べて広い水田を持つことができた。海のものも山のものも豊かであった。そんな「生活完結体の島」にあって、羽茂村は、最も色濃くその性格を持ちながら生活を成り立たせてきた村である。

村は、佐渡南西部の、東経一三八・二度、北緯三七・五度の線の交わるところに位置する。東・西・北の三方をあたかも屛風をめぐらしたかのように山が囲み、冬の北風をさえぎる。海に面しており、対馬暖流の影響から気候温和で積雪も少ない。ツバキやシュロが繁り、竹林が多い。ビワ・柑橘類の栽培も可能であり、みかん栽培の北限である。こうした気候条件が、村の特産品である八珍柿をはじめとする果樹栽培や味噌の醸造に幸いした。また、村の真ん中を流れる羽茂川は、羽茂平野という豊かな沖積平野を形成した。羽茂平野は、国仲平野に次ぐ佐渡第二の穀倉地帯であり、律令制以来越後上杉氏の支配を受けるまで、羽茂が長く南佐渡の中心としての位置を占める上で、経済的な基盤をなした。こうして、温暖な気候に恵まれ、豊かな平野と丘陵地帯をもつ羽茂は、一年を通して米や果樹栽培に適した自給的な生活の舞台となった。

村域は、東は旧赤泊村、北は旧真野村、西南は北前航路の寄港地である旧小木町に接し、南は海に面している。一九〇一（明治三四）年の大合併で羽茂村となった。その結果、明治初めにむらであった羽茂本郷・大橋・飯岡・上山田・大崎・滝平・大石・三瀬は大字として組み込まれ、ほぼ現在の羽茂地区に近い村域が生まれた。江戸時代、海岸部の大石港（現在の羽茂港）は御城米の御蔵が建てられ年貢米の移出港であったが、後に特産品の柿や味噌は、ここから主な市場である北海道に送られた。こうした自然的、産業的な風土のもとに形成されたのが、「生活完結体の村」羽茂村である。

宝暦六（一七五六）年、高田備寛が編さんした『佐渡四民風俗 上巻』には、一八世紀半ばの江戸時代の羽茂村が、次のように紹介されている。

一、羽茂本郷は土地宜く五穀豊熟《ごこくほうじゅく》の年多く候故、自然と人気壮《そう》なる風俗、其上耕作の外女は布木綿を織り、男は蓙苫《ござとま》等多く織出し、或は身元宜《よろ》しき者は菅原の社僧《しやそう》に便り候て連歌を興行し、又は此郷に名を残し候一破流《はりゅう》の剣術を修練の者数多有レ之、至て健成人柄の所に御座候。

（山本修之助編集兼発行『佐渡叢書 第十巻』新潟日報事業社、一九七七、二二二頁）

羽茂本郷は、村の中心部の羽茂平野に位置する。自然と一体になり、米と副業を組み合わせた安定した村の生活の様子と、豊かな文化性が語られている。

こうした「生活完結体の村」としての在り方が、地場産業の佐渡味噌とおけさ柿を生み出した（藤井三好「羽茂雑話」ふるさと探訪編集委員会編『ふるさと探訪』一九八二、二二二頁）。羽茂大崎村の明治三年の人別帳には、九四軒の地区に糀屋が五軒あったと記《しる》されている。一九軒に一軒の割合である。畑地を多くもつ大崎村では、どぶろく用だけでなく、麹と畑の大豆とで自家製味噌を造り、それが「佐渡味噌という特産物を生み出す基礎となった」のである（おけさ柿物語編集委員会編『おけさ柿物語　羽茂町誌第一巻』一九八五、四二頁、以下『おけさ柿物語』）。また羽茂村では、家の庭に自給用の柿の木が大切に残されていたが、それは、柿が羽茂村の風土に適した果物であることを教えていた。そこに八珍柿（庄内柿）を高接《つ》ぎして生まれたのが、特産のおけさ柿である。

また羽茂村は、島内でも、出稼ぎに出る家が少ない村であった。近隣の赤泊村や松ヶ崎村からは、多くの人が北海道への出稼ぎである「松前稼ぎ」に出たが、羽茂村はあまりいなかった。羽茂村の人々が、一年を通し農事暦に刻まれた農業と自給的な生活を、村の生産と生活のベースに置いていたからである。その分、自給的な生活が産み出した串柿や佐渡味噌を特産品化し、それを北海道に送ることで、現金収入の道を確保した。「生活完結体の村」として地場産業を生かした、実に理にかなった行き方であった。

私塾の伝統と人づくりの系譜

さて『羽茂村誌』（羽茂村村誌編纂委員会編発行、一九五六、以下『羽茂村誌』）をみると、近代羽茂村の地域教育は、一八六九（明治二）年に村の医師葛西周禎《かさいしゅうてい》（一八四五—一九〇六、以下周禎）が開設した郷学校《ごうがっこう》（幕末から明治初めごろにかけた庶民の教育機関）の「暇修痒舎《かしゅうしょうしゃ》」に始まる。「暇修痒舎学規《がっき》」の第二条には、「農業は本務也、衣食の繋《つなが》る所にして生民《せいみん》のよるところ是れより大なるはなし。故に古より聖人《せいじん》此業を重んず。今農家の子弟たるもの家業に務めずして専ら文芸のみを事とせば大ひに聖人道に背《そむ》かん。聖人のいへる如く行有餘力《よりょく》以学文の意深く是を心に銘《めい》ずべし」（前掲『羽茂村誌』五八三頁）と定められていた。周禎は、人の生活を支えている農業を本務とする生き方を勧め、学問や文芸は、塾の名が示す通り、本務の間に修めるものと戒《いまし》めた。

また、「社中条約」には、「（二）経学《けいがく》講習は勿論、餘力《よりょく》あらば歴史諸子百家兵書の類をも博覧《はくらん》し、或は国学詩文章其餘の文芸と雖《いえど》も、面々の好む所に随ひ是を学ぶべし。必ずしも一途に泥《なず》む事なかれ。」（同前、五八五頁）と、四書五経だけでなく、個に応じて幅広く学識や文芸を修めることが奨励されていた。そして、「学の浅深《せんしん》を問はず姑《しばら》く成長のもの後進指導し教学倶《とも》に勉強せんことを要とす。」（同前）と、先輩塾生には、後進の指導を促していた。ここに、近代学校教育の原型を見ることができる。「暇修痒舎」は、明治の学制にともない、一八七六（明治九）年一月、同村羽茂本郷の宝勝院を仮校舎に小学校が開校したことで閉校した。羽茂村において、近代学校教育の前史としての役目を閉じたのである。

その後周禎は、私塾懐新塾《かいしん》を起こした。以後羽茂村では、学齢児童は小学校に、小学校を修了してからはこの塾に入門した。周禎は、暇修痒舎を閉じた後、一八七九（明治一二）年から、隣村の赤泊村徳和での八年間を含め、一九〇六（同三九）年六月まで開塾している。「わが村の明治、大正期の中心人物が殆ど中学校へ登らなかったのもこの優れた塾教育者が村にいた為である」（前掲『羽茂村誌』五九九頁）と指摘されるように、懐新塾は、羽茂村にあって初等教育終了後の中等教育的な民間教育機関に擬せられていた。塾生は、「合計一二五四名（葛西家に保存してある登門録による）内羽茂人九五、村外九八、東京人三七、埼玉人三、長野人四、群馬、山口、越後、栃木各二、島根、岩手、秋田、神奈川、北海道、千葉、茨城、宮城、和歌山各一」（同前）であった。村外からも村内以上の塾生が在籍しており、しかも塾生は、東京をはじめ全国から集まっていた。

さて、懐新塾と共に青年たちの教育に当たったのが、美濃部楨《こわし》（以下楨）の美濃部塾である。楨は、幕末に相川の修教館《しゆうきょうかん》（天領の三学館の一つ）で和漢の学を修め、一八七五（明治八）年三〇余歳で、羽茂村にある佐渡一宮の度津《わたつ》神社（新潟県で一宮はここと弥彦神社のみ）に権宮《ごん》司として赴任した。楨は、度津神社がある羽茂村飯岡の山水美を愛して永住し、宮司職のかたわら私塾美濃部塾を開いて漢学を講じ、和歌の指導をした（前掲『羽茂村誌』六〇二頁）。周禎とは、修教館で机を並べる仲であった。

美濃部塾では、孟子の社会済度実践の道も説かれ、後にその感化を受けた同村大崎の仲川知平、藤井甚吉らが、地域の青年団の指導者として村づくりを主導した（羽茂小学校百年誌編集委員会編『羽茂小学校百年誌』一九七六、六七頁、以下『百年誌』）。また、一九〇一（明治三四）年村内の有志三四人が、後のまるだい味噌となる味噌醸造販売会社を起こすが、それは、「懐新塾や美濃部塾で勉強した人たちの寄り合い」であったという（同前、六五頁）。こうして、二つの私塾から、農業と味噌工業をベースとする羽茂村の産業と、青年団活動を担う人材が巣立っていった。実業補習学校を開設するまでの村の青年教育は、この二つの私塾が支えていたのである。

こうして羽茂村は、「生活完結体の村」としての産業的な風土と、農本的な私塾教育の伝統の上に、「農業立村」の土台を築いていった。

【注】

（一）経済学者の玉野井芳郎（一九一八―一九八五）は、「一定地域の住民＝生活者がその風土的個性を背景に、その地域の共同体に対して一体感をもち、経済的自立性をふまえて、みずから政治的、行政的自律性と文化的独自性を追求すること」を「内発的地域主義」と定義した（『地域主義の思想』昭和五四年、農山漁村文化協会、一一九頁）。この視点に立つことで、羽茂村の地域と教育の基底を促えることができると考える。

第二章　前史としての農業立村と地域教育

「羽茂村是《そんぜ》」と農業立村

さて、農業立村を掲げ、「生活完結体の村」羽茂を、近代農村に育てあげようとしたのが、田川寅松（一八七三―一九三六、以下田川）である。田川は、一九一三（大正二）年を皮切りに、村長を三期約八年間、農会長を通算一九年間務め、常に羽茂村の行政と農業政策の中心にいた人物である。一九一七（同六）年一一月、羽茂村は、田川村長のもと、村建設の指針として「羽茂村是」（『新潟県佐渡郡羽茂村是』佐渡市真野図書館所蔵、以下「村是」）を制定した。田川を委員長に、青年層を実働部隊とする全戸調査がなされ、村会議員や学務委員など五七名の指導的な立場にある評定員が会議を重ねた。約二年間に及ぶ、村を挙げての一大事業であった。

村是では、まず羽茂村が「気候風土ニ於テ尤《もっとも》農業ニ適シ」、開闢《かいびゃく》以来「専ラ農ヲ以テ身ヲ立テ家ヲ興《おこ》シ以テ今日アルニ至レル」村であると、農業で村をつくる根拠が説明されている。続けて、課題が示された。まずは、家計や村財政が苦しい原因を、奢侈《しゃし》華美に流れる時代風潮に求め、それを改めることが「急務ナリ」とした。風俗の改良である。次に、商工業の発展に比べて、村存亡の鍵を握る「農業の改良」や「副業の改善」が遅れており、その実行が「焦眉の急務」であるとした。農業の近代化である。

村はその対策として、前者については、「土地及農業改良副業ノ増進ニヨリ生スル収益」の獲得を提起した。風俗の改良は、地区常会（定期的に開かれる村の会合）を通して各家庭へ啓発し、修養の課題として取り組むことにした。しかし、農業の改良には、それを担い得るだけの人材が求められていた。村の小学校就学率は、明治末には男女ともすでに九九％に達していた。村では、定着した初等教育をベースに、どう農業の近代化と農業立村を担う青年を育てていくのか、が問われていた。当時、その役割を期待されたのが、すでに設置されていた実業補習学校である。

羽茂実業補習学校

羽茂村は、一九〇九（明治四二）年七月、羽茂実業補習学校を羽茂小学校に併置し、同年一〇月に開校した。実業補習学校とは、小学校卒業後、高等小学校や中学校・高等女学校・実業学校などの中等教育学校に進学せず、勤労に従事する青少年を対象に教育を行った定時制の教育機関のことである。一八九三（同二六）年の実業補習学校規定に基づき設置され、工業・農業・水産業などの実業に関する知識・技能の教育と、初等教育の補充的な教育を目的とした。ほとんどが小学校に併設され、大正期以降飛躍的に普及した（以上『ブリタニカ国際大百科事典』他）。

さて、羽茂村実業補習学校開校の目的について、一九〇九（同四二）年度の羽茂村役場事務報告書には、「青年をして愛農心を養成せしめんがため、村会の協賛を経て実業補習学校の附設の禀請《ひんせい》をなし、七月二十二日知事の認可を得たり」とある（羽茂高等学校五十年史編集委員会編『羽茂高等学校五十年史』所収、一九七六、一三〇頁、以下『五十年史』傍点・知本）。村は、小学校を卒業した村の子弟を農業後継者に育てる補助的な教育機関としての役割を、実業補修学校に期待したのである。

『五十年史』によれば、教師として静岡県より勝又源之助を招へいした。入学資格は高等科卒業、学科は修身、国語、算術の普通科と農業科であったが、特に農業科に重点が置かれた。農業科には水稲栽培、麦作試験、蔬菜栽培、養蚕、果樹等があり、実習が行われた。しかし、一九〇九（同四二）年の補習学校入学生は数十名にのぼりながら、卒業生はわずか七名であったとされる。特に一九一二（同四五）年から高等科が三年制になったことが、実業補習学校の存立基盤をゆるがした。この年から入学者が減少し、一九一四（大正三）年以降は、ついに有名無実となった（前掲『五十年史』三〇頁）。こうした状況について、後に村是では、その主な原因を、入学資格が高等科卒であること、農閑期のみのしかも教師の巡回教授という中途半端な開設であり設備も整っていないこと、にあるとした。そこで一九一六（大正五）年には、入学資格を尋常小学校卒とし、教授内容も実業を重視し、農閑期に小学校に併設して行った結果、生徒数は小学校卒業者の七割を超えた（前掲「村是」一〇九～一一二）。

しかしこうした村の教育状況は、村民、とりわけ「村是」を制定した指導層や青年層にとって満足のいくものではなかった。実業補修学校では、農業の近代化を担う農業後継者を育て、「村是」を実現するに足る教育を保証できなかったからである。一九一一（同四四）年、羽茂村各地区の青年会が連合して羽茂青年連合会が組織され、青年たちの間で報徳精神による奉仕活動や農業に関する学習熱が高まっていた。羽茂村の青年団は、優秀青年団として県や文部大臣の表彰を受けた大崎青年農会をはじめ、「極めて活発で高く評価された」。しかし、佐渡の「同じ青年期にある中等教育との差を埋めることができず、地元にも中等学校をという願望は村民の心の奥深くに潜在していた」のである。村民は、「知識の習得もスポーツも、中学校や農学校のようにはいかないことを認識しはじめて」いた（羽茂町史編さん委員会編『通史編　近現代の羽茂』一九九八、五四四頁、以下『近現代の羽茂』）。こうして、羽茂村にも中等学校をという気運が高まっていったのである。

佐渡の中等教育

こうした背景には、もうひとつの要因があった。「このままでは羽茂郷《ごう》（羽茂村を初めとする佐渡南部の町村―知本）自体が遅れてしまう」という強い危機感である。そこには、島における中等教育機関の地域的偏在という現実があった。

近代の佐渡は、進んだ本土との一体化と、一島・一国としての自立という葛藤の中で、自己の形成を模索してきた島である。そこで問われてきたことがふたつある。ひとつは、島の外からもたらされた産業や文化や教育を島に取り入れ、それをどう練り直し、佐渡独自のものとして創り出すのか、ということである。「佐渡おけさ」などの佐渡の伝統芸能は、こうして生まれた。もうひとつは、産業基盤の弱い島にあって、家・村・島をどう立ち行かせるのか、そのためにどう人を育て、育てるための教育構造をどう創り出すのか、ということである。穀倉地帯をもつ「生活完結体の島」であっても、養える人口には限りがあった。家を継ぎ村と島を担う長男とその「嫁」はもちろんのこと、島に残り他所で生活する者、そして島を出て行く二三男と女子をどう育てるのか、は島にとって切実な課題であった。

そのために佐渡は、近代に入り、各町村が競い合うかのように中等教育機関を設立した（町村の位置については、本書見返しの「大正一一年時の佐渡郡図」参照のこと）。まず、一八九六（明治二九）年、島の中央部河原田町に、佐渡郡全町村組合立佐渡尋常中学校が設立された（新潟県では四番目）。さらに一九一〇（同四三）年に、穀倉地帯である国仲に新穂村畑野村組合立佐渡農学校が、翌年には、これも国仲地区の金澤村に金澤村立金澤実科高等女学校（一九二一年に佐渡高等女学校）と、同じく鉱山町で行政機関が集中する相川町に、相川町立相川実科高等女学校が設立された。その後郡立となった相川実科高等女学校は、一九二三（大正一二）年には河原田に移り県立河原田高等女学校となり、佐渡中学校と並び佐渡の中等教育をリードした。また、相川では、一九二三（大正一二）年には町立で相川中学校が、さらに一九二九（昭和四）年には、再び町立で相川実科高等女学校が設立された。一九三〇年代を前に、十万人を超える程度の人口（昭和五年・一〇六、二六二人）の佐渡で、実に六校の中等学校が存在したのである。

　また佐渡は、小学校高等科の学級数でも中頸城郡に次ぐ県下第二位であった（佐渡郡小学校長会編集兼発行『佐渡大観』一九三五、九五頁）。

	大正 15 年	昭和 18 年
相　川	20	19
沢　根	31	33
河原田	48	73
八　幡	17	23
二　宮	60	50
金　沢	76	61
平　泉	19	17
吉　井	30	35
新　穂	56	62
畑　野	64	33
後　山	−	13
真　野	68	49
小　木	9	22
羽　茂	10	19
赤　泊	10	10
松ヶ崎	6	13
河　崎	−	18
両　津	37	66
加　茂	25	21
高　千	7	4

表1　佐渡中学校における出身学校別生徒数

佐渡は、村と島の中に教育構造として小学校卒業後の中等教育の機会を保障することで、家を継ぎ島を担う者も島を出て行く者も、そして女子も育てたのである。そこには、自立した一国としての、強い矜持《きょうじ》がうかがえるのである。

　しかし、ここに大きな問題があった。就学率の不均衡である。バスの運行も十分ではなかった時代に（当然佐渡に鉄道機関はない）、佐渡の南部地域から国仲にある中等学校に進学するには、寄宿舎に入る必要があった。しかし、そうできる家庭は限られていた。結果、羽茂村をはじめ南部地域と東部の両津地区、及び海岸部や山間部は、中等教育の機会から取り残されていったのである。表1で、佐渡中学校の場合を示しておく。島内の最高学府である佐渡中学校在籍者数において、地元の河原田や二宮、隣接する国仲地区の金澤・吉井・新穂・畑野・真野各村と羽茂の差は歴然としていた。同じように、中等学校をもたない両津にも遠く及ばないという現実があった。

また、佐渡農学校においても、状況は同じである。一九一六(大正五)年の「町村別生徒数」(新潟県立佐渡総合高等学校同窓会創立百周年記念事業実行委員会『新潟県立佐渡総合高等学校　獅子百年の歩み』二〇一一、四五頁)によれば、全在籍数二〇七人中、学校を設立した新穂村と畑野村がそれぞれ七五人と八一人であったのは当然として、隣村の金澤村は一五人、真野村も一三人在籍していた。しかし、羽茂村からは一人も在籍していないという有様であった。

すでに見たように、一九一六(大正五)年の翌年に羽茂村は「羽茂村是」を制定し、農業立村を打ち上げていた。しかし、佐渡農学校をもつ国仲の村に比べ、農業立村の理想を実現するに見合うだけの村内の教育環境は、決定的に遅れていた。教育先進地であった佐渡で、羽茂村が直面していたこうした状況は、何としても打開すべき現実であった。羽茂村是には、「近時教育ノ勃興《ぼっこう》ト共ニ中等教育ヲ受ケルモノ四隣ニ比シテ少ナク又タ女子ノ高等小学校へ入学スルモノ少ナキハ大イニ考慮ヲ要スベキ緊要ナル問題タリ」(前掲「村是」中「第三章　第五　教育　第一項　小学校」一〇八頁)と、危機感が表明されていた。

羽茂村は、こうした地域と教育の課題を抱えながら、一九三〇年代を迎えるのである。

※表1は、佐渡高等学校八〇年史刊行委員会『佐渡高等学校八十年史』（一九七七）二九二及び五三九頁より知本が作成した。

【注】

第一章の羽茂村の概観及び第二章の記述については、主に羽茂町史編さん委員会編 羽茂町誌第四巻『通史編　近現代の羽茂』（一九九八）、おけさ柿物語編集委員会編『おけさ柿物語 羽茂町誌第一巻』（一九八五）、九学会連合佐渡調査委員会編『佐渡　自然・文化・社会』（平凡社、一九六四、以下『佐渡　自然・文化・社会』）を参考にした。尚、「九学会連合佐渡調査」とは、渋沢敬三が提唱し、各学会が提携して始まった地域共同調査の内、一九五九年から一九六一年に九つの学会により佐渡で行われた調査のことである。

第三章　戦争の時代の「村おこし」と村立羽茂農学校

一　戦争の時代の「村おこし」

戦争の時代の「村おこし」

一九三〇年代は、戦争の時代である。一九二九（昭和四）年の秋、アメリカ合衆国を起点に起こった世界恐慌により、日本経済は危機的な状況となり、失業者が街にあふれた。一九三一年には、東北・北海道地方が深刻な冷害に見舞われ、農村は飢餓状態に陥り、欠食児童や娘の身売りが社会問題になった。昭和農業恐慌である。軍部は、不景気からの脱出を大陸侵略に求め、一九三一年に満州事変を引き起こした。さらに、一九三二年の満州国建国、翌年の国際連盟脱退と国際的な孤立を深める一方、五・一五事件と二・二六事件を経て、軍部独裁が進んだ。そして一九三七年日中戦争勃発により、泥沼化の様相を呈していったのである。

さて一九三二（昭和七）年、政府は、農業恐慌後の農村救済と、農村をファシズムによる支配の起点とするべく、農山漁村経済更生運動（以下、更生運動）を起こした。そして、経済更生指定村として、毎年一〇〇〇町村を指定しようという計画であった。更生運動は、農林省の新官僚を中心に、農業恐慌の救済策として、一九三二年から四三年まで取り組まれた国策である。その主な目標は、「農村中堅人物の養成」、「産業組合の拡充」、「負債の整理」、「満州移民」であった。とりわけ、農村の中核として、従来の地主層ではなく、自作農を中心に農業に専心する農村中堅人物を育てることを意図していた。更生運動を通して、産業組合の設立や負債の整理による自力更生と、農業生産力の拡充、小作争議の抑制を通した村落共同体の安定化が進められた。そして、村内には、中心人物―中堅人物―一般農民という人的支配のしくみがつくられていった（森2、二〇〇五、他）。羽茂村は、一九三二年にいち早く指定を受けた。

ところで、羽茂公民館には、羽茂町史の編さんで収集し、複写・整理された近世から現代までの一次資料が、一部屋の片側壁面を埋めている（羽茂町教育委員会『羽茂町史資料目録』全二六八頁にまとめられている。一九九九）。本書の戦前部分の記述の多くは、この資料に基づいている。私は、夏の日長、年季の入った冷房のお世話になりながら、それを読みすすめた。そして、先に述べたような更生運動の理解では収まりきれない事実があることに少しずつ気付くようになったのである。

そのころである。佐藤信夫著『戦争の時代の村おこし―昭和初期農村更生運動の実像』（南北社、二〇〇七年、以下『戦争の時代の村おこし』）に出合った。そして、「村おこし」という表題が、すとんと私の胸に落ちた。佐藤は、更生運動が、「昭和初期の農村不況対策として始まった官製の『村おこし運動』である」（前掲『戦争の時代の村おこし』「解題」二頁）という視点を提起していた。それは、更生運動の見直しを示唆していた。佐藤は、確かに更生運動は戦時動員策に飲み込まれていくが、「そこには、国策にひたすら尽くす農村の姿だけではなく、更生運動の挫折をそれとして意識し、国益を担う役割を強いられながら、地域的利益を背負って努力を重ねようとした人々の姿もあった」とした（同前「はじめに」一六頁）。そして更生運動が、「地方において現実にどのような意味を持ったのか、その実像がより明らかにされるべき」であり、「実像とは計画に描かれた姿ではなく、現実に実行されたものの姿である」と、事実そのものから捉えることの重要性を指摘していた（同前「はじめに」九頁）。農村に目を据え、農村の側から更生運動の事実を描くことで、農村改革につながる村の実像を探ろうとしたのである。

私の中で、一九三〇年代のこの時期に、戦後羽茂村の農業を支える八珍柿の栽培が始まり、村立羽茂農学校が設立されたという事実が、「村おこし」というこの視点と強く共鳴していた。

羽茂村農山漁村経済更生運動

羽茂村は、一九三二（昭和七）年、第一年次として県内で指定された「経済更生指定町村」四一ケ町村中の一つに指定された。では、なぜいち早く羽茂村が指定されたのだろう。県は選定にあたり、木崎争議で有名な木崎村などの「小作争議が大規模にたたかわれた村」と、貧窮の程度が低く「比較的容易に更生の実があがる町村」を指定していた（新潟県編『新潟県史 通史編八 近代三』一九八八、四三五～四三八頁）。後者については、実績をあげさせた上で「模範的事例として、他の町村に運動を広げていこうとする方針」であった（同前、四三八頁）。羽茂村は、後者である。

一九三〇（昭和五）年度と一九三二（同七）年度の「指定町村の産業組合事業成績」を見ると、「貯金額一〇万円以上」など四つの実績評価項目のすべてに○がつけられているのは、四一の指定村中同じ佐渡郡の金澤村と羽茂村のみである（同前、四三六・四三七頁）。また一九三二（同七）年一二月には三九名いた失業者も、翌月以降にはほぼ解消されていた（「昭和七年 庶務ニ関スル綴 羽茂村役場」羽茂村教育委員会文書）。しかし優良村であった羽茂村も、農業収入と支出及び金融状況をみると、「単純に計算しても毎年二〇円〇三銭の借金が増えて行くことになる」状況であった（前掲『おけさ柿物語』九四頁）。

更生委員会は、当時村の中心人物である本間瀬平（村長）が会長、田川寅松（農会長）と武井盛三郎（羽茂信用販売購買利用組合長）が副会長を務めた。そして、六一名の委員（村会議員一、大字惣代八、農会関係三、産業組合関係三、幹事：羽茂村助役一、書記：羽茂村書記一、参加委員として森林組合長一、漁業組合長三、小学校長一、婦人会長一、基本調査委員一八）とともに計六四名で構成されていた（「昭和八年四月 羽茂村農業経済更生計画書」羽茂村農会 羽茂村役場議会文書）。こうして村役場から産業組合・農会を軸に、学校・婦人会・漁業組合・森林組合などのすべての村組織を通して影響力を行使するという地域的な支配のしくみがつくられた。それは同時に、村内の主要な機関が連携して、全村的な地域づくり（「村おこし」）に取り組む基盤でもあった。

また、更生運動の指針として、「新潟県佐渡郡羽茂村経済更生計画書」が策定された。その内、農村教育に関する方針を見ておこう。

十一　農村教育衛生生活改善其他施設ノ改善

一、農村教育ノ実際化

農村更生ノ根本ハ教育ニアル即チ産業ノ発展モ生活ノ改善モ其ノ基ク所ハ農村民ノ精神緊張ノ如何ニアルコトハ言ヲ俟《ま》タナイ（後略）

1　各教科ノ郷土化ニ努ムルコト特ニ農業教育ニ於テハ教材ノ郷土化ニ努メ郷土ニ即セル指導ヲナス

2　郷土産業暦ヲ作成

3　作業教育ヲ重視シ実習ニ重キヲ置キ勤労ヲ尊ビ土ニ親シムノ美風ヲ助長シ農民精神ノ養成ニ努ム

4　敬神宗祖ノ念ヲ高ムルコト

5　公民的訓練ヲ徹底セシムルコト

6　（前略）全教師児童協力一致シテ農業精神ノ修養ニ努ムルコト

7　各種団体殊ニ産業団体ト聯絡《れんらく》提携ヲ計リ其ノ実績ヲアグルコトニ努ム

二、青年教育ノ実際化

1　補習教育ノ充実ヲ計ルコト

2　農業経営農業改良其他ノ農村ニ於ケル各種ノ革新改善ハ青年ノ発奮努力ニ俟《ま》ツ所大ナルモノナレバ或ハ講演会或ハ座談会等ニヨリテ現在ノ非常時局ノ認識ヲ高メ青年団ト各種団体特ニ農会部落農区産業組合等ト聯絡《れんらく》ヲ密接ナラシメ其ノ活動ヲ激励スルコト（傍点・知本）

「農村更生ノ根本ハ教育ニアル」と、教育第一が掲げられていた。農村教育では、郷土教育と作業教育を重視し、農村教育と青年教育の「実際化」を改善の柱とした。そのために産業団体をはじめとする学社の連携を奨励した。また、農民精神の養成や敬神宗祖の念の涵養《かんよう》を重視した。青年教育では、学校教育としての補習教育と、青年団や農会、部落農区などを主体にした社会教育の二本柱で進めることにした。農村更生を担う村の中堅を育てるための学社一体となった全村的な教育体制である。

さて羽茂村は、「五ケ年計画」修了後の一九三八（昭和一三）年一一月、農林省より「経済更生特別指定村」の指定を受けた。そして、村民の精神錬成を目的とする「敬神修養道場」や地区の農業施設として共同農場（五棟）及び共同出荷場（一棟）の建設、さらに医療施設として診療所を新設した（昭和一七年「敬神道場落成式関係書類」役場議会文書）。「敬神修養道場」は、村立羽茂農学校の屋内体操場及び講堂としても活用された。また、一九三六年に、羽茂村、西三川村、赤泊村、小木町の南部四町村組合員一五〇〇名の出資により、医療組合佐渡病院（金澤村）の診療所が開設されていたが、この助成事業を通し、病室七室をもつ診療所として羽茂村の中央に新築された（前掲『羽茂村誌』四八九頁）。こうして佐渡南部郷の医療の中核施設が、羽茂村に生まれたのである。

また産業組合関係を見ると、昭和一七年段階で組合員加入率九五％（全島四位）（「佐渡郡産業組合現勢一覧表」『佐渡郡産業組合史第一巻』白水社、一九五〇、七五頁）、「組合員一人当たりの貯金額」においても、一九三二（昭和七）年度二五二円（同五位）から一九四〇（同一五）年度九五〇円（同二位）（「昭和七年度末及び一五年度末各組合別信用事業対比表」同前、二三一・二三三頁）と、村は、模範指定村としての実績を着実に上げていった。

しかし、一九三〇年代は戦争の時代である。一九三九（同一四）年四月一日に制定された「村訓」には、「君臣一体の一大家族国体たる皇国の真姿を認識し尽忠報国敬神崇祖《じんちゆうほうこくけいしんしゆうそ》の誠を致し以て八紘《はつこう》一宇《いちう》の建国理想を顕現《けんげん》せんことに努め国家の大本たる農道に生くるの幸を感謝す」（前掲「敬神道場落成式関係書類」）とある。そこには、農本主義に基づき、天皇制国家を支える村としての意思が示されていた。村訓にある「共同親和の精神」と「自力更生を信条」とする実行者の精神は更生運動の精神であったが、それは同時に天皇制軍国主義を補強する精神でもあった。一九四一年に結成された大政翼賛青少年団の団長（「昭和一六年大政翼賛青少年綴」羽茂村役場、役場議会文書）と、翌年結成された羽茂村翼賛壮年団の名誉団長（「昭和一七年起 壮年団関係綴」教育委員会文書）には、村長の本間瀬平が就任した。また幹部には、農会長や羽茂信用販売購買組合長が名を連ねていた。更生運動を通して形成された人物支配の体系は、敗戦を迎えるまで戦争体制を支える羽茂村の心棒として機能していたのである。それは、戦争の時代の紛れもない現実であった。

【参考・引用文献】

・「農山漁村経済更生運動」については、森 武麿『戦間期の日本の農村社会―農民運動と産業組合―』日本経済評論社、二〇〇五（森2、一九六～一九八頁）、『日本大百科事典』（ニッポカ）解説「農山漁村経済更生運動」（森武麿）による。
・佐藤信夫『戦争の時代の村おこし―昭和初期農村更生運動の実像』南北社、二〇〇七

杉田清と地域農村教育

さてこの時代、羽茂村の農業指導の中心にいたのが、杉田清（一九〇四―一九九三）である。杉田は、一九〇四（明治三七）年、新潟県東頸城《くびき》郡安塚町に生まれた。一九一九年安塚農学校を卒業し、技術員養成所で学んだ後、一九二三（大正一二）年、羽茂村の隣町小木町農会の技術員として来島した（前掲『おけさ柿物語』中「巻末年表」）。その杉田を羽茂村に呼んだのが、当時農会長であった田川である。田川の意を受けた副会長の武井京蔵は、「いま、農村は不況

だが、それを克服するために羽茂村では、『農業是』を定めて農業立村の方向付けをした。その実践をする人が欲しいのだ」と説得したという（同前、一三七頁）。「村是」のもと、村づくりをすすめていた羽茂村では、一九二七（昭和二）年三月、田川農会長のもとで「羽茂村農業是」が制定された。同年九月、杉田は、羽茂村が豊かな自然を持つ純農村であり、「羽茂村農業是」があることに努力のし甲斐を感じ、その説得を受け入れた（同前）。時代は、農業恐慌を前にしていた。

「農魂」と記された杉田清の石碑（羽茂支所内）

羽茂村は、村を挙げて杉田を迎え入れた。村は、杉田のために農業会館兼技術員住宅を建設した。村人は、建設のために「米一升という呼びかけ」に応え、農村不況にもかかわらず「全村農家七二八が名を連ね」た。また、一般町屋からの寄附も目立ったという（同前、一〇二・一〇三頁）。住宅は役場の隣に置かれた。職住直結しており、実質的な農業会館の役割も果たした。村におけるひとつの農業教育の拠点ができたのである。

そして、羽茂村にとって運命の一九三一（同六）年を迎える。その後の羽茂の農業を支える「『おけさ柿紀元元年』に当たる年」（同前、一七八頁）である。当時、佐渡郡農会は、農村不況対策として、島を挙げて、佐渡の自然条件に適した二〇世紀ナシの特産地化と増殖運動に取り組むことになった。その中心として、果樹栽培に適していた羽茂村など南部の町村が期待されていた。しかし田川も賛成し、いったんは不況対策として決定したナシの増殖運動に、一人異を唱える人物がいた。杉田である。杉田は田川に進言し、ナシ一本ではなく八珍柿をも含めた増殖計画に変更させたのである。以後羽茂村は八珍柿、他町村は二〇世紀ナシの増殖に取り組むことになる。「ここが分岐点であった」(同前、一八九頁)。

では、杉田はなぜ、羽茂村の特産品としてナシよりも柿を選んだのだろう。その答は、杉田が、一九三四年、羽茂村青年団誌に書いた次の一文に明解である。

本会が柿の増殖を計画した理由

一　柿栽培に対して羽茂は豊かなる天恵を有すること。自然に順応し、自然を利用するにあらざれば地方産業としての永遠性はない。

二　本村は農業の組織、慣行より見て、柿が有利である。佐渡郡園芸組合は、二十世紀ナシの二百町歩計画を立てているが、袋掛と水田、水田二毛作を考えると労力的に競合する。

三　柿は普遍的普及が可能であること。生産に特殊技術を要し、生産と消費が極限されるものは、農産物市場への進出はできない。その点、柿は好適である。

四　販路上有望である。

販路は、生果で系統農会を通じて北海道へ出荷できる。海路は陸路に比して運賃低廉である。天恵の利用と普遍的普及とによる生産費の低下、大量生産の可能性と相まって市場出荷ができ、有望である。

（前掲『おけさ柿物語』二〇〇・二〇一頁）

柿は、羽茂の自然条件に適し、ナシのように特殊な生産技術を要しないこと。しかも、米作りの時期と競合しないこと。羽茂港をもち、生果として北海道への移出が可能であることから市場価値が見込めること、がその理由であった。杉田は、常に羽茂村の自然風土に根ざした産業がもつ特性ばかりでなく、農民の労働実態や生産意欲を大切にした。肥沃な平野をもつ「生活完結体の村」である羽茂村の特性と一年間の生産のサイクルを考えたとき、総合的にみて羽茂村に利益をもたらすのは、明らかにナシよりも柿であった。杉田の判断は、「生活完結体の村」としての羽茂村の特性を踏まえてなされたのである。そこには、農業を土台にした内発的な羽茂村の発展の方向性が示されていた。佐渡農会の決定の変更は、田川にとっても苦渋の決断であったに違いない。しかし、田川の杉田に対する信頼はそれをしのぐものがあった。そして、羽茂村の風土と農業実態を熟知していた二人の知恵と決断が、その後の羽茂村の農業を切り開いていったのである。

その後、経済更生指定村となった羽茂村農会は、一九三三年四月に「羽茂村農業経済更生計画」を策定した。その柱は、柿の栽培であった。「果樹園芸物増産計画」中の「柿増殖及び収入予定」には、一九三二（昭和七）年から一九三七（同一二）年まで、年一〇〇反ずつ五年間で五〇〇反（五〇町歩）の柿増殖計画とともに、一九三八（同一三）年から一九五〇（同二五）年までの六期にわたる収入の見込みが示されていた（羽茂村農会「昭和八年四月　羽茂村農業経済更生計画書」役場議会文書）。増産計画に伴う収入の見込みを示すことで村民の生産意欲を喚起し、結果として、敗戦をはさんだ柿づくりを柱とする戦後農業の発展につなげたのである。

そして杉田は、柿の特産品化の指導を通し、地域で実践的な農民教育を進めていった。杉田の取組は多様である。農業補習学校の属託として農業科を受け持ち、また高等科の農業実習も引き受けた。また後に農学校ができると、属託として農業実習を担当した。これらの仕事は農業技師としての本務ではなかったが、「柿づくりは人づくりであった」とのちに回想するように、杉田の農民教育にとって大事な出発点であった（前掲『おけさ柿物語』一四二頁）。杉田は、子どもたちと青年を育てることに、村の未来を見ていたのである。

また杉田は、地域の指導者に、地区で柿栽培や採種農業を中心に各種の技術講習会や学びの機会をつくるよう指導した。とりわけ注目されるのは、杉田が部落農区の組織化を奨励し（昭和七年までに村内二六の部落農区を結成）、そこで、組織的計画的な農業学習を展開したことである。優良農区とされた西方部落の「昭和九年度ニ於ケル事業概要」を見ると、杉田や武井などによる柿栽培の実地指導や、現金収入につながる百合栽培・藁蓑《わらみの》作り等の副業の講習会、佐渡における果樹栽培の権威とされていた佐々木伝左衛門の講習会や杉田の県外視察談、台所改善に至るまで、学習は多岐にわたっている（海老名保作編集発行『西方部落誌（非売品）』一九八〇、四三・四四頁）。こうした地域における農業技術の向上を中心とした自主的な学び場は、農業補習学校や後に登場する農学校における学びとリンクしながら、地域で農業立村を担う人材を育て、地域の生産力の向上を下支えしていった。それはまさに、学校を含めた重層的な学びのネットワークを形成しながら進められた、農本主義的な人を育てる場であった。

こうして羽茂村は、一九三〇年代に、田川が構想した農業立村の上に、杉田を推進役とした柿づくりという旗を立て、農村不況に立ち向かっていくことになった。本間瀬平は、こうした村づくりの流れを踏まえながら、農学校設立というもう一本の旗を村に立てることになる。

二　村がつくった農学校――六・三・三制を準備した村――

「羽茂農学校の父」本間瀬平

一九三〇年代に入り、羽茂村では、柿栽培を始めとする農業の近代化と村づくりを担う中堅人物を育てることが求められていた。しかし、村の実業補習学校ではそれに応ることはできなかった。また、中等学校に通う条件が限られていたことから、指導者たちは「このままでは羽茂村は遅れる」という強い危機感をもっていた。農学校設立の機は熟していたのである。しかし、農業恐慌に見舞われ、戦争へと突き進んでいた時代である。中等学校をつくることは、村にとって百年の計である。財政的にも、大きな負担が予想された。そんな困難な状況の中で、村を挙げて農学校設立の気運に高めるには、指導者が必要であった。その人物こそ、本間瀬平(一八七七―一九六三、以下瀬平)である。

瀬平は、「村づくりは、人づくりという信念」のもと、若いころから「南佐渡にも中学校を設立して、向学心に燃える青少年の為に中学教育の門戸を開き、産業文化の中堅人物を養成したいという念願」をもっていたという(県立羽茂高等学校・学校農業クラブ「南佐渡の開発に貢献した本間瀬平氏―羽茂高校うみの親―」新潟県学校農業クラブ連盟『草の根もとの指導者』一九五九、一〇四・一〇五頁)。瀬平は、一八七七(明治一〇)年、羽茂村大字羽茂本郷で、味噌合資会社(後のまるだい味噌)を経営する本間馬蔵の長男に生まれた。まるだい味噌の社長を通算一九年間(大正一一年~昭和四年、昭和七年~昭和一六年、昭和二一年~二四)務め、その間新潟県味噌工業会会長などの要職にあった。また村議会議員を皮切りに羽茂村村長(昭和六年~一〇年、昭和一八年~二一)と新潟県議会議員(昭和一〇年九月~同一二年一〇月)を務め、村政及び県政界の中枢を担った(「黄綬褒章具申調書 本間瀬平」『褒章に関する綴』昭和三四、羽茂町役場文書）。

瀬平が村長及び県議にあった期間は、一九三〇年代の羽茂専修農学校設立と乙種農学校認可、さらに一九四〇年代の甲種昇格と戦後の県立移管まで、羽茂農学校の歩みそのものと重なる。瀬平が、「羽茂農学校の父」と言われる所以《ゆえん》である。

さてここで、羽茂村と味噌工業との関係について触れておこう。羽茂村の味噌工業は、明治初期の「山カ味噌」による北海道出荷にはじまり、一八九八（明治三一）年に発足した新生羽茂味噌合資会社（「まるだい味噌」）を中心に、地場産業として確立していった。「まるだい味噌」は、村の中小味噌工場とともに北海道や樺太に進出し、東京と関西に出張所を開設するなど、全国的に販路を拡大していった。一九三一（昭和六）年には、国内最大の販売額を達成した（株式会社マルダイ編『マルダイ味噌百壱年史』一九九九、二九頁）。瀬平が村長に就任し、農学校設立に乗り出した年である。このころ村には、大小合わせて一三もの味噌と醤油に関連する工場があった（同前、三〇頁）。

味噌工業は、村の生活と深い関わりをもってきた。一九五〇（同二五）年末の調査（新潟県総務部統計課編『昭和二八年　新潟県市町村勢要覧』新潟日報事業社、一九五三、八一七頁）によれば、村内の工業従事者三八四人中食料品従事者は二九九人であり、その多くが味噌工場の関係者だと考えられる。同年の羽茂村は、所帯数一一〇五世帯、人口六二七〇人であり、二〇人余りに一人位の割合で味噌工場にかかわっていたことになる。加えて、羽茂村は木製品の製造と竹細工がさかんだったが、いずれも味噌樽づくりにかかわる手工業である。味噌工場には農家の二三男と「嫁」が就職し、農閑期や失業対策の働き口になった。味噌工場は、農業を主産業とする羽茂村で、貴重な現金収入の場であった。また、最大手であるまるだい味噌は、給料はさほど高くない分完全に昼食を保障した。そして、教育したくても学資がない家庭には、子弟を東京営業所勤務にし、昼間は事務や営業で雇い、夜は夜間部に通わせた。まるだいは、夫婦で務め子どもの教育まで見たことから、夫婦会社とも言われたという（昭和五〇年代まるだいの社長を務めた瀬平の孫本間重雄氏への「聞き取り」による）。味噌工業は、地場産業として、羽茂村の生活に深く根づいていた。こうして村は、それまでの自給的な生活をベースに、味噌工業とそれに付随する手工業を発展させ、村人の生活を支えてきたのである。

また、同時期の所得税を町村で比較すると、羽茂村は、第一種（法人所得）が、島の商業の中心である河原田に次ぐ二番目、第三種（三〇〇円以上の個人所得）は、鉱山の町であり行政機関の中心であった相川に次ぐこれも二番目であり、村の財政にも大きく寄与していた（前掲『佐渡大観』二六八・二六七頁）。味噌工業、とりわけ瀬平のまるだいは、村と結び、村を支え、村の生活の中に溶け込みながら、企業としての発展と村の発展を一体のものとしてすすめたのである。こうして、瀬平の「温和にして慈愛あふゝ人柄」（前掲「黄綬褒章具申調書」）も相まって、味噌工場の社長である村長瀬平を中心に、村を挙げて農学校設立に向かう土台がつくられたのである。

それでは、どのようにして羽茂農学校は設立されたのだろうか。羽茂農学校五〇年史編纂委員会編『羽茂高等学校五十年史』（一九八五年刊。以下の引用等については特別の断りがある以外は、同著による）を参考にみていこう。

羽茂専修農学校の設立

一九三四（昭和九）年一〇月五日、村議会は、「青年訓練所充用羽茂専修農学校」の開校を議決した。同校は同月の三〇日に開校したが、当初の教育内容は、実業補習学校のままであった。全日制の本科生を募集し、本格的に専修農学校として開校したのは、翌年の四月五日からである。また、それまでの実業補習学校には、一六歳から二〇歳の青年男子に軍事教練などを施す青年訓練所が並置されていた。「青年訓練所充用」と冠《かん》されているのは、このためである。しかし、間もない翌年の四月には、青年訓練所は実業補習学校と統合して青年学校になった。こうして、専修農学校は、「青年学校充用羽茂専修農学校」となったのである。当時、教育制度はめまぐるしく変わっていた。

さて「羽茂村会議録」には、一連の議案は「満場一致原案賛成、可決決定」したと記されている。しかし、当時を知る古老たちは、賛否両論激しく論じ合ったと語る。「中等学校を欲しいという点では一致したが、財政負担の点で両論に分かれた」のである。一九三四（昭和九）年は、農村不況の真っ只中である。校舎増築などの必要な経費は、村税と「特別税戸数割」の追加予算、及び村の基本財産からの繰入金でまかなわれた。「特別税」は全九二〇戸で負担したが、それは村税の六割にもあたる額であった。ましてや、学校の維持経営は長期間にわたる事業である。そのための財源は、こうした税の制限外徴収と起債、そして他の経費縮減で確保するしかなかった。昭和一一年度と一八年度の、村の歳出に占める教育費の割合を見ると、七四％と五六％であり、内農学校経費は、二六％と四〇％であった（前掲『羽茂村誌』四四四～四四五頁）。こうして村は、食えない中で農学校をつくり、教育を通して人を育て村をつくる農業立村の旗を立てたのである。それはまさに、「米百俵」の精神であった。

農家の跡継ぎや女子には教育は要らないという意識が、まだまだ根強く残っていた時代である。村は、個別訪問しながら入学者を勧誘したという。その時使われた「羽茂専修農学校入学案内」（同『五十年史』六三～六六頁）には、専修農学校は、小学校を卒業し農業に従事しようとする者に対し、「準中等程度ノ普通学科ハ勿論特ニ男子部ニ於テハ農業科ニ女子部ニ於テハ裁縫科ニ重キヲ置キ」、知識と技能ともに身に付けた勤労と実践力と奉仕の精神に富む「農村中堅人物ノ養成ヲ期ス」と、力強く記されていた（傍点・知本）。専修農学校は、村を出る二三男ではなく、中堅として村を支える農業後継者たる長男と女子を育てることに主眼が置かれていたのである。ここに、村立農学校としての意味があった。

第一年次本科は第一学年と第二学年の募集であり、入学者は男子七五名、女子六六名の計一四一名（一学年五八名、二学年八三名）であった。定員（男子各学年五〇名、女子同四〇名）に対し、男子は七五％、女子は八三％の入学者であった、羽茂村出身者を見ると、男子八四％、女九四％と入学者の九割を占めていた。この割合は年を追う毎に高くなっていった。また授業料は、羽茂村在村者は月額一五銭、他町村からの入学者は五〇銭、二人以上在籍する場合は一人分半額とし、村内在住生徒が優遇されていた（「羽茂専修農学校授業料徴収規定」『昭和一〇年度村会決議綴』役場議会文書）。寄宿舎も用意され、遠方からの入学者の便を図った。

教職員は、校長が小学校長兼任であり、本科専属担任教諭として農業二名（内教頭一）、国語・数学各一名、裁縫一名の五名であった。また、嘱託（農業技術兼任）として、農業の杉田清、小学校兼任の教練担当が二名、同じく体操一名、農業二名、指導員として教練担当が一名、農業助手に若手の農業リーダーの庵原士郎が就いた。杉田と庵原が入っており、農業後継者を育てるという村の意思がうかがえる。そして何よりも重視されたのが、農業実習であった。教科書も、「農業経営」「園芸」「土壌肥料」「畜産」「農産製造」「林業」「作物病害」に関するものが用意され、多角的な農業経営に対応する力を養おうとした。

こうして、羽茂農学校の基礎は築かれた。ここに、羽茂村の経済更生運動で、特産品の柿とともに村立の農学校という二本目の旗が立てられたのである。それは村に、「柿づくりは人づくり」という村おこしの考えが、産業と教育の体制として確立したことを意味していた。

羽茂農学校とその教育

一九三五（同一〇）年一一月、羽茂村議会は、羽茂専修農学校を乙種農学校に変更する件を議決した。そして翌年の三月、県は羽茂農学校（乙種）の設立を認可した（一）。羽茂専修農学校開校からわずか一年後のことである。当時新潟県は、農業学校数で見ると、長野、千葉、福岡、静岡などと並び農業教育の先進県であった（三好、二〇一二）。また同年には、町立葛塚農商学校（乙種）、町立五泉実業学校（乙種）が、翌年には私立北越商業学校（乙種）が設立され、県内で実業教育充実の気運が高まっていた。瀬平は、一九三五年九月に町長を辞し県議会議員になっていたが、この機に、農学校乙種認可を県に働きかけたであろうことは、充分に考えられる。こうして、乙種認可に伴い青年学校が分離し、羽茂農学校は、名実ともに農学校としての新たなスタート台に立ったのである。

　しかし、屋内運動場は小学校運動場と兼用であり、設備面でも人的にも、決して充たされてはいなかった。村は、農舎、肥料舎等の農業関連施設や、便所、家事室などを新築していった。又、歴史の教諭と生花の属託が入った。そして何よりも村民を喜ばせたのは、西田長治校長が赴任したことである。西田は、島内旧吉井村の出身で、明治四〇年に東京帝国大学農学部を卒業後、徳島農学校及び佐渡農学校で教諭を務めた農業教育の専門家であった。村民の農学校に対する期待はいやがうえにも高まった。

　さて、「昭和一五年度羽茂村学事概況」（『学事統計表綴　羽茂村役場』役場議会文書）には、農学校の教育内容が報告されている。教育目標を、「聖旨《せいし》ヲ奉戴《ほうたい》シテ農民道ヲ体得実践シ農村建設ノ実行力アル中堅ヲ養成スル」と掲げた。また、教授方針として、「教材ノ実際化郷土化」を図り、「実生活ニ適切ナル連絡」をとること。「個性ノ純化」と「自発活動ノ促進」に留意すること。最高学年に殖産科を設置し、「拓地《たくち》植民ノ気風ヲ振作《しんさく》スル」ことの三つを示した。そして、すべての教科を通し、「常ニ国体観念ノ明徴《めいちょう》」と「国民道徳農民魂ノ啓悟《けいご》」に努めること、とした。それは、農本主義に基づく実践力のある農村中堅人物の養成を通し、天皇制国家を支える人材の育成を意図した教育であった。

教科では三学年とも国語（六時間。以下数字のみ記す）、数学（五）、理科（四）及び体操（四）の時数が多くとられた。農林業については、「作物」「園芸」「養蚕」「畜産」「土壌肥料」「林業」の時間が単独に組まれている。村にとって重要な「園芸」については、「蔬菜」（一年次）、果樹（二年次）、「病害虫、農産製造」（三年次）と三年間で専門的な内容が学べるよう配列されていた。

女子についても、男子同様に国語、数学、理科の時数が多いが、男子の農林業の分、裁縫（五から六）・家事（二）・手芸（一）の時間が入った。加えて、「農業」（三から四）の時間があり、「普通作物」（一年次）・「園芸、養蚕、養畜」（二年次）・「園芸、農産製造」（三年次）と三年間で農業生産全般を学べるように配列されており、「家事」の三年次には、「農家経済家計簿記」の時間もあった。女子には、家事を担う農家の主婦としてだけでなく、男子の農業パートナーになり得る力量が求められるようになったのである。出征する男子の代わりに食糧増産を担う役割を期待されていたのも、また女子であった。

また農会や青年学校、小学校と連携し、農産物の品評会や展覧会を開催したり、要請を受けて出張指導や技術的援助を行った（前掲「学事報告」）。村人から期待されていたのは、将来村の中堅人物を育てるとともに、日々村における農業教育や技術指導の核としての役割を果たす学校の姿である。ここにも、村立農学校としての価値があった。

南佐渡を挙げた甲種昇格運動

さて、瀬平は、乙種農学校を甲種に昇格させるべく、一九四〇（昭和一五）年、村議や学務委員からなる「農学校問題に関する協議会」を組織し準備を開始した（「昭和十五年二月十三日農学校問題ニ関スル協議会」『農学校問題関係綴』役場総務課文書）。一九三六（同一一）年に乙種農学校設立が認可され、翌年第一回の卒業生を出した三年後のことである。学校の基礎が固まり運営も軌道に乗ってきたころであるが、瀬平にとって、できるだけ早い時期の甲種昇格は既定の方針であった。中等教育に取り残されていた羽茂村は、乙種以上の中等教育機関を求めていたのである。農学校設立による財政的な負担も重くのしかかっていた。一日も早く甲種に昇格し、その先の県立移管を果たすことは、瀬平と村民にとって悲願であった。

同協議会は、施設面では特別教室・雨天運動場・作法室・校長室・畜産加工室等の新築。教員については、農林畜産科の増員、及び理科博物科と外国語数学科の新設に伴う計三名の増員を提案した（「羽茂農学校男子部組織変更ニ関スル案」同前）。また、甲乙併設校の新発田農業高等学校等を視察し、甲種昇格への確信を強めた（「新潟県羽茂農学校組織変更ニツキ視察報告 視察員本間村長以下六名」『昭和十七年度 農学校ニ関スル綴』役場総務課文書）。続けて瀬平は、一九四二年に羽茂村翼賛会分会長、婦人会長、警防団長、軍友会長、産業組合長、国民学校長、農学校長、部落会長、前・現村議、学務委員からなる「農学校問題検討会」を開き、全村的な合意の形成と推進体制を確立した（「一〇月八日 農学校問題検討会 於敬神道場 午後一時」同前）。

こうして着実に村内の体制づくりをすすめた瀬平は、次に、多額の経費がかかることを名目に昇格運動を南部郷全域に広げていった。中等学校を持たない南部郷にとって、甲種農学校は悲願であった。西三川村・小木町・赤泊村・真野村・水津村・岩首村・松ヶ崎村と南部郷すべての町村長の賛同を得、期成同盟会を立ち上げたのである。そして、一九四二（昭和一七）年一二月三〇日付けで、県知事に、「新潟県羽茂農学校甲種昇格ニ関スル請願書」（前掲『五十年史』一三四～一三六頁）を提出した。太平洋戦争開戦一年後、世は戦意高揚一色におおわれていた。

請願書では、まず「八紘一宇《はっこういちう》ノ御聖業既ニ大東亜全域ニ及ビ今ヤ我ガ皇国ハ大東亜ノ盟主我ガ皇民モ亦大東亜ノ指導者タルニ到リ」と、時局に対する認識を示し、「帝国青少年教育ノ再検討並ニ高度化ハ時局下最緊要事ト相成」と、時局を担う青少年を育てる教育の重要性を強調した。そして、そのために、「一段ト羽茂郷青少年教育ノ向上ヲ図リ、農学校新設当初ノ教育理念タル格物《かくぶつ》教育（物事の本質を理解し知識を深める教育のこと―知本）ニ徹シ」、「純忠《じゅんちゅう》愛国の『オホミタカラ（「公民」―知本）』ヲ養成シ、微力タリトモ衷心《ちゆうしん》ヨリ大詔《たいしよう》ノ大御心《おおみこころ》ニ応ヘ奉ラン」と天皇制への忠誠を誓った。そして請願書の最後は、「茲《ここ》ニ旧羽茂郡二万三千人期セズシテ一丸火ノ玉トナリ遂ニ同志的猛運動ヲ展開スルニ到リタル」と、強い決意で締めくくられていた。

大東亜の盟主たるに足る公民を育てるため、その教育維新を担う一翼として羽茂農学校の甲種昇格を目指すというのである。この時期、羽茂村にとって甲種昇格が緊要の課題であった。そうした地域の願いと国家的要請との整合性を図りながら運動を展開することは、時代状況からしてもむしろ当然のことであっただろう。こうして、農学校の昇格運動は、多くの青壮年が出征し、人を育てるより武器をつくれと言われたこの時期に、近隣町村を巻き込みながら展開されたのである。

村民は、積極的にこの昇格運動を担った。甲種昇格には、屋内外の運動場が必要であった。しかし、羽茂農学校にはもともと屋内外ともに専用の運動場がなく、室内競技は小学校の運動場で行っていた。そこで村は一計を案じた。経済特別指定村の助成金で度津神社に建設する予定であった敬神道場を、県の了承を得て農学校に建設し、以後羽茂農学校の講堂兼屋内体育館としても使用することにしたのである。道場建設には村民から多額の寄附が寄せられたが、高額寄附は、ほとんどが味噌工業関係者からであった（昭和一七年六月「敬神道場落成寄附芳名簿」役場議会文書）。

次に、屋外運動場である。敷地対象となる田地を農家七軒から二〇年間の貸借をした。また、

『昭和十八年　農学校敷地埋立人足帳』（役場議会文書）を見ると、整地作業として、全家庭に三回の勤労動員が割り当てられた。岡田部落（全一七戸）の場合を見ると、男が出征していたたことから、「三日とも女」が九戸と一番多く、次いで「一日男・二日女」が三戸と続き、全欠は二戸であった。人足帳の各戸の下には募金額が書かれており、全村民の労力とお金によって作られたことが分かる。また期成同盟では、昇格に伴う寄附金を、一万円以上を納める第一ランクの「有功会員」から二〇円以下の「通常会員」まで七ランクにわたり定めていた。その内瀬平は、一八年三月に「有功会員」として五万二千円という高額の寄附をしている（「寄付採納願写」役場総務課文書）。

こうして、一九四三（同一八）年三月、羽茂農学校は甲種昇格を果たしたのである。瀬平は、その後も運動のテンポを緩めることなく、翌年には羽茂農学校の県への移管を発案し、施設費として三〇万円を寄附することを条件にその見通しをつけた。瀬平にとって大切なことは、一日も早く県立移管を達成して村民の負担を軽減し、農学校を中核に人を育て村づくりをすすめることであった。瀬平は、戦争の時代に、まるだい味噌の経営者としての資力と、その家族的経営で培った村民とのつながりを力に、村立の農学校設立と甲種昇格という困難な事業を主導した。そこには、田川が描いた農業立村の理想を、人を育てることを通して実現しようとする強い思いがあった。教育の成果はすぐには出てこない。その意味で、瀬平は村の未来を見つめていた指導者である。戦後瀬平は、一九四七年三月に農学校の県立移管を成し遂げ、羽茂村立

「農学校の父」本間瀬平の石碑（羽茂高等学校内）

羽茂農学校は晴れて新潟県立羽茂農業高等学校となった。しかし瀬平は、翌四月、戦前村長として大政翼賛会を主導したことが問われ公職追放を受けた（一九五二（昭和二七）年七月付けで指定取り消し。『昭和二五 六 団体等規正令資格審査関係綴』教育委員会文書）。そしてその後は、村政の第一線から身を引いた。現在羽茂地区には、瀬平の胸像が二基建立されている。羽茂小学校と羽茂高等学校の敷地内である。それは、村の教育に対する瀬平の功績と恩に報いる後世に向けた村民の思いであった。

それでは、村立の農学校は村の中に何を生み、戦後に向けて何を準備したのだろうか。

六・三・三制を準備した村

そこで、羽茂農学校開校から五年後の一九四一（昭和一六）年度、国民学校初等科修了者の進路状況を見よう。

表2　昭和16年度「国民学校修了者状況調」（%）

性別／進路先	高等科	中学校・高女	青年学校普	羽茂農学校	就職	計
男子	13	6	0	35	0	54
女子	3	0	2	43	1	49

（『学事統計表綴』羽茂村役場、知本作成）

村に乙種農学校ができたことで、国民学校修了者中男子は六割、女子は実に約九割が農学校に進学した。男子は一割が佐渡中学校、三割が高等科へすすんだ。就職者は、女子一名であるが、それ以前もほとんどいない。一九三八（一三）年度から一九四〇（一五）年度までの農学校進学者を見ると、尋常小学校・国民学校修了者の六四％（内男子六六％、女子六三％）であり、男女の差もない。一九三〇年代に農業立村を掲げた村で、ほぼ全員が小学校以上の教育機関で学んだことになる。しかも、六割以上の子弟が村の中堅を担う農業後継者として農業教育を受けたのである。ここに、村立農学校の大きな価値がある。村は、小学校卒業後の村の子弟を、中学校などに進む者の進路も保障しつつ、村立農学校を中核に、村ぐるみで育てる仕組みをつくり出したのである。

さて戦時下のこの時期、日本の教育制度は大きな転期を迎えていた。一九四一年の国民学校令により、国民学校六年、高等国民学校二年となり義務教育年限が八年に延長された（ただし、六年終了で中等学校進学は認められた)。そして、一九四三年一月の中等学校令で、職業課程の実業学校は、中学校・高等女学校とともに中等学校として認可された。こうした教育改革は、羽茂農学校の甲種昇格のための請願書にも色濃く見られるように、さらなる愛国意識の浸透と総力戦を担う国民をつくり出すためのものであった。しかし一方で、国民学校制度による義務教育年限の延長は戦後義務教育九年の、実業学校の中等学校認可は、旧制中学校や高等女学校とともに戦後高等学校の、それぞれベースとなった。こうして、六・三・三制という戦後教育の「単線化・標準化へ向けて貴重なスタートが切られた」のである(大内、二〇〇二)。戦時下にあって、羽茂村は、村の子弟に国民学校終了後羽茂農学校への進路を保障することで、村の中に、いち早く戦後六・三・三制の教育を準備したのである。それは、戦争の時代に地域が取り組んだ「村おこし」であり、教育改革であった。

それでは、こうした教育体制の下で、どのような青年たちが育っていったのだろうか。

農学校で育った戦後世代

表3は、羽茂農学校(乙種)における、第一回(一九三七年三月)から第七回(一九四三年三月)までの卒業生徒数と、戦後羽茂村に居住した卒業生徒、及び農業に従事した卒業生徒の割合を示したものである。戦前、乙種農学校を、男子二八六名、女子一九〇名の合計四七六名が卒業し、内九六%が羽茂村出身者であった。村でつくった農学校は、文字通り羽茂村の農学校であった。

そして、その卒業生の内、戦後一九五七（昭和三二）年段階で、八二％の三三九名が村に残り、内六五％の二六四名が農業に従事した。また、味噌工業関係に二二名（羽茂味噌合資会社一一名他）、公務員関係に二〇名（羽茂村役場・教員各五名、郵便局三名、土地改良事務所二名他）、

表3　羽茂農学校（乙種）卒業生（一九三七年第一回〜一九四三年第七回）の一九五七（昭和三二）年段階における村内居住者と農業従事者などの割合

	卒業生徒数	逝去者数（戦死者）	羽茂村出身卒業生徒数（％）	羽茂村居住卒業生徒数（％）	農業従事卒業生徒数（％）
男子	286	53（35）	272（95）	202（87）	140（61）
女子	190	12	187（98）	137（76）	124（68）
合計	476	65（35）	459（96）	339（82）	264（65）

〈注〉一、『昭和32年版 同窓会員名簿』（新潟県立羽茂高等学校同窓会、昭和三三年一月）を元に、知本が作成した。
二、新潟県佐渡郡羽茂村立羽茂農学校（乙種）の、一九三七（昭和一二）年三月の第一回卒業生から、一九四三（同一八）年三月の第七回卒業生までの卒業生徒数及び逝去者数（カッコ内は戦死者数）と、一九五七（昭和三二）年段階における表中三項目に関する卒業生徒者数に対する人数と割合を示している。「農業従事者生徒数（％）」については、同窓会名簿中の職業欄で、「農業」と単独で明記されているものに限った。兼業農家については、把握できていない。また、一九四五（同二〇）年の第八回卒業生は甲種昇格後の第一回卒業生であり、乙種第七回と卒業生が重なっているために除外した。

農協関係に六名など六〇名近くが、村内及び島内で就職した。その内の多くが農業との兼業であるとすれば、農業従事者は、八割近くにのぼると考えられる。羽茂農学校は、主には村の長男と女子を対象に、村の農業と村の中堅を育てるための学校としてつくられたが、その目的を十分に果たしていたと言える。

さて、一九三七年第一回卒業生の平均年齢は、約一五・六歳（男一五・六歳、女一五・五歳）であった。これを基準に一〇年刻みに年齢を追うと、一九四七年は二五・六歳、一九五七年は三五・六歳である。戦後羽茂村の村づくりの画期となる一九四〇年代後半の地域文化運動と一九五〇年代の地域教育実践は、この二つの年代に重なる。戦前の卒業生は、戦後の文化運動期には青団など村の若手・中堅として、五〇年代の地域教育実践の時期には親として、地域づくりに参加したのである。しかも、その人数は、在村卒業生の数からすれば三〇〇人を越える。敗戦後から一九五〇年代の羽茂村を担う戦後世代の誕生である。

こうした青年の代表に、金子幸良《ゆきなが》がいる。金子は、一九二五（大正一四）年、羽茂村飯岡に生まれた。一九三七（昭和一二）年羽茂尋常高等小学校を卒業後羽茂農学校に入学。一九四〇年同校卒業後、工員として味噌醸造業と製材業に携わった。一九四五年には、陸軍衛生一等兵として東部第二三部隊に所属。復員後の同年九月に再び工員として従前の仕事に復帰した。そして一九五〇年、羽茂村公民館主事として採用された。金子はこの後、社会教育を中心に行政畑を歩き、最後は助役を務めた（金子が教育委員会主事に採用された際の「調査表」教育委員会文書）。

金子が、味噌工場の工員から公民館主事になる過程には、戦後羽茂村の文化運動への参加があった。そうした金子の文化的な素地をつくったのが、戦前の農学校の教育である。

金子は、当時教師から「君達の様に優れた環境で勉強出来る生徒は余り少ない、松下村塾に想ひを馳せよ」と叱咤《しった》されたという。学校生活は、農業実習など肉体的には苦しい作業の明け暮れであったが、反面「学業の面や校内の雰囲気には割にのびやかな自由の息吹もあって」、中には「稚くまだるっこい恋歌などを捧げる挙に出る連中」もいたという。そして、「まず〳〵学業に専念することが出来た戦争中最後の学校生活」を送ることができたのである。金子らには、「五年制の中学（佐渡中学校のこと―知本）に負けまいとする自負」があった（金子幸良「松下村塾さながら」羽茂高校校友会誌『禹茂第10号』一九五八年二月、二一三頁～二一五頁）。学校には、部活動として文弥人形上演部、学芸部、弁論部などが置かれていた。また、『羽茂校友会誌』が発刊されており、それは「いきなり生徒の論説に始まり、感想文、小説、短歌、俳句、詩などがある（中略）全般的に文芸的なものが多い」会誌であった（前掲『五十年史』八八頁）。金子らは、農学校の生活でこうした旧制中学校的な空気にも触れながら、文化的な素養を身に付けていったのである。

こうして戦時に育った金子らの世代は、敗戦を経て新しい時代の指導者を求めていた。

三　交錯する三人の軌跡

（一）三人の長男

一九〇一（明治三四）年は、羽茂村が発足した年である。それを待っていたかのように、一九〇〇（明治三三）年に庵原健《いおはらたけし》（一九〇〇―一九七二、以後庵原）が、続けて翌年に藤川《ふじかわ》忠治《ちゆうじ》（一九〇一―一九七四、以後藤川）と酒川哲保《さけがわてつほ》（一九〇一―一九九二、以後酒川）が、羽茂村で生をうけた。竹馬の友である三人は、生涯にわたる盟友として、戦後羽茂村の村づくりで、重要な役割を果たすことになる。三人には、共通点がある。そろって羽茂本郷出身の長男だということである。長男は村に残ることが当然の時代に、三人は、村の内と外でそれぞれの道を歩んだ。三人の戦前の軌跡を追ってみよう（二）。

まず、藤川である。他の二人は農家の出であるが、藤川は造り酒屋に生まれた。酒川と藤川の生家は一キロほどの距離であり、近所の悪童たちと一緒によく遊んだ。酒川らは、亀田縞の粗末な着物だったが、藤川だけは久留米絣の派手な姿で、色白の少しはにかんだような顔立ちをしていた。酒川の記憶の中にある藤川の幼少期である。しかし、このころには生家の家運は傾きかけていた。藤川は、高等小学校を一年で終えると佐渡中学校へ入学したが、四年の時に転機が訪れる。病弱であった父肇造が倒れたのである。父は、「何もおまえには残してやるものはないが、自由だけは与えてやる。自由の道を進め」と言い残し、四三歳の若さで亡くなったという（酒井友二『佐渡のうたびとたち』新潟日報事業社出版部、一九九四、一三七頁）。

その後藤川は、旧制新潟高等学校（第一回生）卒業後、一九二二（大正一一）年に東京帝国大学文学部国文科に入学した。羽茂村で初めての帝国大学進学者であった。藤川は、国文学者で歌人の佐佐木信綱（一八七二―一九六三）や生涯の師となる久松潜一（一八九四―一九七六）に出会い、万葉集など和歌についての教えを受けた。すでに藤川は、新潟高校在学中にアララギ系の歌誌『とねりこ』に入会していたが、このころ本格的に和歌の道に志した。卒業論文は、「正岡子規」であった。また、大正デモクラシー期に佐渡で発刊され、さまざまな文化運動に取り組んだ同人雑誌『純芸術』にも参加し、執筆した。藤川は、父が言い残した「自由の道」に歩み出していたのである。

大学卒業後藤川は、高田歩兵第三〇連隊入営を経た一九二九（昭和四）年に歌誌『とねりこ』を離れ、「表現の錬成」と「個性の尊重」を掲げ、歌誌『歌と評論』を創刊した。同誌は、主たる地盤を佐渡に置き、藤川が居住する東京から出版された。羽茂村からは庵原らが参加した。短歌作品の巻頭を、歌人で詩人の相馬御風（一八八三―一九五〇）が、巻尾を、当時佐渡の代表的な歌人である渡辺湖畔（一八八六―一九六〇）が飾った（『歌と評論』創刊号、藤川の四男故藤川滋氏所蔵）。その後藤川は、法政大学在職中に「支那事変」（日中戦争）に応召された。そして、「戦地詠」及び帰還後の「戦中詠」を、『歌と評論』などに発表した。一九三七（昭和一二）年から敗戦をはさんだ一九五〇（同二五）年までの作品一〇三七首は、四男滋により、『兵われは』（二〇〇二、短歌出版社）と題して世に出された。一歌人の作品を通し、戦前・戦時・戦後と短歌の歴史をたどる上で、厭戦的な思いも戦意高揚の歌も含まれた極めて貴重な作品であり記録である。[三]『歌と評論』は、一九四四年、戦時統制による歌誌の整理統合のため、通算一七八号で終刊となった。文学的表現の自由が弾圧される時代の中で、藤川は失意の内にあった。

次に、庵原健である。庵原の幼少期家は「赤貧洗うが如き状態」であったという。そのため上級学校に進むことができなかった庵原は、優秀な成績で高等科三年を卒業後、早稲田大学の通信講座を受講し、自らの向学心を満たした。また、藤川の後を追うように、『とねりこ』と『純芸術』に入会した。そして、『歌と評論』の創刊と行を共にし、同人として藤川を支えた。こうして庵原は、村にあって中央につながる文人としての位置を得たのである。

その後、一九三一（同六）年に、庵原は羽茂村青年団長となった。青年団の改革を訴えた庵原は、青年団の組織を「修養、体育、弁論、文芸、企画」で構成し、「われわれは思想的に強者とならなければならない」と、村の青年たちに時代に向かう気概を示した（庵原健「随筆的なる巻頭言」青年団誌『羽茂　羽茂村青年団』第二号、昭和六年八月一日）。こうして村の若きリーダーになった庵原は、一九三六（同一一）年羽茂村軍人分会長を経て、一九三八（同一三）年には村の助役となった。以後、一九四四（同一九）年まで、主に村長本間瀬平の片腕として、羽茂農学校の甲種昇格運動を支えた。その間、羽茂村翼賛壮年団長も務めた。その後、行政手腕を買われた庵原は、一九四四年新潟県佐渡支庁総務課長に異例の抜擢《ばってき》をされた。庵原は、戦後羽茂町の町長を務めるが、このころが最初の絶頂期であった。

最後に、酒川である。当時、長男も含め家は貧しいが向学心のある農家の男子は、学費の安い師範学校に進学した。酒川も、そんな子どもの一人であった。酒川は、高等科卒業後、新潟県高田師範学校本科第一部に入学した。酒川は、長男である佐渡の教員としては、異色の経歴の持ち主である。酒川は、三九年間の教員人生の約三分の二を島外で送った。新潟（上越）で七年、京都で一八年、そして佐渡で一四年である。

一九二一（大正一〇）年高田師範学校卒業から一九二八（昭和三）年、京都の衣笠小学校に落ち着くまでの七年間は、絵画の世界と教師の道を行き来するまさに模索の時代であった。酒川は高田師範入学後美術クラブに入り、三年時に洋画家佐藤哲三郎氏の講座を受けて深く感銘し、絵画の道に入った。その後一九二四（同一三）年東京美術学校図画師範科に入学、展覧会で見た雪舟の水墨画に深く感激し日本画に傾倒するようになる。また頻繁に築地小劇場や寄席の世界にも足を運び、当時最先端の大正文化と日本文化にも触れた。しかし家族に病人が続出したため同校を中退、その後三年間は教師として新潟県高田で勤務した。しかし酒川は、それでも日本画家への夢断ちがたく、その後京都に向かった。教育者としての酒川の骨格をつくったのが、この京都時代である。

(二) 京都時代の酒川哲保

酒川には、回顧録の類いはないが、退職後、羽茂町公民館で開いた「酒川哲保個人展」に寄せた短い自作の「略歴」が残されている。そこには、京都時代の酒川の姿が凝縮されている。

本格的に絵を描きたく京都市に出向し、日本一の絵かき村といわれた衣笠に住み衣笠小学校に十三年間勤務する。多くの大家に面接する好機に恵まれる。(金島桂華、小野竹喬、徳岡神泉、野島瀬晩花、三井飯山、黒田重太郎、評論家上田寿藏、木村素衛先生、外)金島桂華先生の人柄を敬慕し師事して花鳥画を習う。(中略)昭和八年頃我が子の愛に惹かれ教え子の親たちの悲願を察し絵筆を投げて教育に専念する決心を固める。(中略)寸暇に短歌を作り万造寺斉先生の主催する街道誌に寄せ同人に推される。児童詩の発表から京都市国語研究会員に加わり国語人と目される。(以下省略)

(酒川哲保先生顕彰会編『酒川哲保先生を偲んで』一九九三、以下『酒川哲保先生を偲んで』)

酒川は、子どもを介して保護者である高名な画家達と出会うことを期待し、日本一の「絵描き村」を学区に持つ京都の衣笠小学校に職を得た（ガラス工芸作家佐々木玲子氏の証言。二〇一六年に知本聞き取り）。一九二八（昭和三）年四月のことである。同校で一三年もの間勤務し、さまざまな一流の画家たちと交流をもった。中でも日本画家の金島桂華（一八九二―一九七四）に師事し多くを学んだ。当時金島は、学区である衣笠小学校の近くに住んでおり、私塾「衣笠会」を主宰して後進の指導に当たっていた。

しかし、そんな酒川に転機が訪れる。酒川は、一九三三（昭和八）年頃（前掲「略歴」参照）、絵筆を投げて教育に専心する決心をしたのである。以後酒川は、一九四四年に京都市立朱雀第六国民学校の校長を努めた後、敗戦の翌年帰郷するまで、京都の教育界の第一線で活躍することになる。酒川の教員生活において、京都時代は最も長い。そこで、この「略歴」を入り口に、京都時代の酒川の足跡を追ってみたい。

さて酒川は、京都時代、その後の教員人生にとって大きな意味をもつ、二つの出会いをしている。ひとつは、「朱桜教育」を掲げ戦後京都の新教育をリードした小野為三（一九〇二―不詳、以下小野）ら国語教師（人）との出会いである。もうひとつは、戦後障がい者教育の原点と言われる近江学園を創立した糸賀一雄（一九一四―一九六八、以下糸賀）、池田太郎（一九〇八―一九八七、以下池田）、田村一二（一九〇九―一九九五、以下田村）との出会いである。また、「略歴」に、美術関係者以外で唯一人名前をあげている「木村素衛先生」は、京都大学の哲学と教育学の教授であった木村素衛（一八九五―一九四六、以下木村）であり、当時池田や糸賀は木村と師弟的な関係にあった。

〝国語人〟として

まず、小野ら〝国語人〟との出会いである。酒川の名前が公に見えるのは、『京都市教育』（京都市教育会編）誌上である。酒川は、一九三五（昭和一〇）年七月に、文部省発行の国語の『新読本』を批評した「国語科主任と算術主任の会話」と題する辛口の教育評論を皮切りに、同年一〇月に短歌を三九首（同誌第一二巻一〇号）、一九三八（同一三）年三月には「熊野紀行」と題した七頁にも及ぶ紀行文（同誌第一五巻第三号）、同年七月には「美はどこへ行くか」（第一五巻第七号）という評論を発表している。国語教育から美論そして紀行文や短歌まで、公の教育誌にあり、日本画家で歌人でもあった酒川の作品や寄稿文は異彩を放っていた。

また、『京都市国語教育研究会の研究をふりかえって 五十年の研究の歩み』によれば、このころ酒川は、小野とともに京都市国語教育研究会の中心的なメンバーとして活動していた。同研究会は、「少数精鋭の同好会の如きもの」であり、読み方や綴り方など「それぞれの研究標的をかかげて」、緊迫した情勢下においても「研究、実践を怠らなかった」という（京都市国語教育研究会、一九七〇、二〇頁、以下『五十年の歩み』）。また同研究会を中心に、一九三五（同一〇）年前後から、「京都流の綴り方教育の開花」が見られた。戦後それは「常に一人一人の子供の生きた姿に眼を止め、その内面的世界まであたたかく読みとっていける心のぬくもり──そんな児童観・教育観に裏打ちされた教師の営みが京都の風土となっていた」と評価されている（小牧暹「京都の綴方（作文運動の覚え書）」『京都府戦後作文教育小史』京都府戦後作文教育活動を綴る会、一九九五、二八七・二八八頁）。それは、戦後の綴り方教育につながる実践であった。一九四五（同二〇）年の暮れ、酒川は、当時視学であった松本正男に呼ばれ、この伝統ある国語教育研究会の再建を託され、小野とともにその任を果たしたという（前掲『五十年の歩み』三〇・三一頁）。当時京都における、〝国語人〟としての酒川の位置をうかがい知ることができる。酒川は、戦後京都市の国語教育研究会の礎をつくり、京都を後にしていたのである。

小野為三と「人間創造」

さて酒川は、一九四四年九月に、第四代の朱雀国民学校校長になった。児童数一四一一人の大規模校であった。翌年三月には集団疎開が始まり（一〇月まで）、四月には、国語教育の同志であった小野が教頭になった。酒川は『朱雀第六小学校五十周年記念誌　朱桜』（朱雀第六小学校五〇周年記念事業実行委員会発行、一九八三、以下『朱桜』）の中で、「戦火の校長」と紹介されている。同校は、一九三二（昭和七）年に開校した新しい小学校であった。酒川によれば、同校は、比較的貧しい家庭の子どもが教育によってどこまで成長するのかを研究するためにつくられた実験的な学校であり、優秀な教員を集めてその使命を果たしてきた、という（前掲『百年誌』二四九頁)。また小野も、「私どもの学校が、例えばディスカッション、メソッドの研究などにおいて、実践の中にその生長を認め、子どもの生命に根ざした教育をという念願を教育のめあてと致しましたのは、終戦以前のことでありました」(小野為三著『教育事実の開眼』朱桜教育研究会、一九五四、一七頁、傍点・知本)と、証言している。酒川は、その校長であった。また小野自身、奈良は「私の育ての父であり、なつかしい魂の母である」と言うように、自律的で子ども主体の学習活動を展開していた奈良女子師範学校附属小学校の影響を強く受けていた。戦時下、小野らが展開した机をU字型にして話し合う学習は、「奈良式」だと非難を浴びせられたという(小野為三「朱桜のあゆみ」『朱桜の実践　小野為三論説抄』朱桜教育研究会、一九五〇、一一・一二頁)。酒川も、「戦時中の軍事にかたよりすぎる教育に抵抗してきた」(前掲『百年誌』二四九頁)と回想しているが、戦時下にあって、小野らと共に教育的な良心の灯をともし続けていたのである。

そして酒川は、運命の八月一五日を迎える。小野は、その日の酒川校長とのやりとりをこのように回想している。

> それは八月一六《ママ》日の午後一時半頃。朱雀国民学校の校長室に校長酒川哲保と教頭小野為三の二人が相対した。正午の詔勅を拝して後、取りも敢えず此処に来たね《ママ》だった。二人は校長と教頭だが昔からの親友であり同志同行の友であった。「どうしよう?」二人は同じことを言って沈黙が続く。暑い暑いま昼に静かな室。「ぼくは御所へ行って気を正して来よう、君

も明日のこと、いや今からのことを真剣に考えてくれ。」そう校長は言って出て行った。（中略）そこへ校長がからりと明るい顔をして帰ってきた。

「やりましょう。今から、只今から。力いっぱい。『人間創造』を目指して。」「そうだ。それだ!!」肝胆相照らす二人は手を握り合って教育推進を誓った。

『自立』と『協同』を踏まえた『人間創造』

これが戦後逸早く、教育方針宣言をして出発した戦後朱桜教育の一齣《ひとこま》であった。

（朱桜教育の記録から）

（第五代　小野為三「祝朱桜五〇周年に寄せて」前掲『朱桜』九頁、傍点・知本）


こうして酒川は、小野とともに、「人間創造」を宣言し、朱雀第六小学校から戦後教育の第一歩を踏み出したのである。残念ながら、「教育方針宣言」は残されていない。しかし、その後作成された学校紹介の資料から、その精神を読みとることができる。そこでは、「人間創造を標的とするわが朱桜教育」は、地域に立脚しながら、「自律と協同を教育の二要脚として生活の創造」をはかり、「ひたすら児童の幸福をねがいその全き生命を伸ばす教育」であると説明されている（「近畿中等教育研究会―京都市立朱雀第六小学校参観要項―一九五一年六月二九日」朱雀第六小学校所蔵）。

酒川の帰郷後、第五代の校長を引き継いだ小野は、一九四七（昭和二二）年から一九五六（同三一）年まで一〇回にわたり毎年全国公開を行い、「朱桜教育」を世に問うた（前掲『朱桜』中の

卒業記念職員写真「酒川哲保（前列左から３人目）と池田太郎（後列左から２人目）」
（「昭和７年３月　京都市衣笠尋常高等小学校　京都市衣笠実務女学校」京都市立衣笠小学校所蔵）

沿革史他）。一方同志である酒川は、故里の羽茂村から、この「人間創造」の教育を展開することになるのである。

近江学園前史

一九三二（昭和七）年三月の衣笠尋常高等小学校・衣笠実務女学校の卒業記念写真には、二人の人物が写っている。背広姿の酒川と、詰め襟の池田太郎である。池田は、一九二七（昭和二）年、衣笠小学校に赴任した。池田一九歳の時である。酒川は翌年同校に赴任し、以後一九三二（昭和七）年に池田が衣笠第二小学校に転任するまでの四年間、二人は同僚であった。「一人子として育った私を弟のように遇し、芸術の面に関しては凡そ理解のなかった私を、少しでもこれが解るように導いて下さった」（池田太郎「佐渡の思い出（あわび・さざえ・あゆ）」『ふれる・しみる・

わびる教育』野島出版、一九六九、二一三頁）と池田が言うように、酒川は先輩教師として、七つ年下の池田と親しく接した。

その後衣笠第二小学校に転勤した池田は、一九三八（同一三）年に、京都帝国大学文学部哲学科を卒業後同校の代用教員となった糸賀一雄と、職員室で机を並べた。池田は、その四年前には、京都市特別児童教育研究会の懸賞論文の受賞をきっかけに、知的障がい児の教育で知られていた田村一二との関係も始まっていた。田村は、戦時下の一九四四年に、知的障がいを持っている子どもとそれにかかわる教師や子どもたちの世界を描いた『手をつなぐ子ら』を出版していた。戦後近江学園を設立した三人の出会いである。ここから、近江学園の前史が始まった（「糸賀一雄・池田太郎・田村一二氏の年譜」公益財団法人糸賀一雄記念財団）。近江学園とは、一九四六年、「社会福祉の父」と言われる糸賀を園長に、池田と田村の三人が創設した戦災孤児・浮浪児と精神遅進児のための施設である。戦後糸賀らは、「この子らを世の光に」（『この子らを世の光に―近江学園二十年の願い』柏樹社、一九六五）と人びとに語りかけ、知的障がい児・者の療育に生涯を捧げた。

さて、糸賀が「教育について、心理学について、私は先生と、放課後や家に帰ってからよく議論をたゝかわせました」（「第一部 この子らを世の光に」糸賀一雄著作集刊行委員会編『糸賀一雄著作集Ⅰ』日本放送協会出版、一九八二、二五頁、以下『世の光に』）と言うように、池田とは時に夜を徹しながら教育について語り合う仲であった。そして糸賀は、「池田君の京都の交友関係を紹介され、まじめな仲間にはいり、しだいに当時の市の教育行政の腐敗、阿諛追従《あゆついしょう》する校長などへの批判の目も開く」ようになっていった（前掲『世の光に』二六頁）。

糸賀が木村と出会ったのも、ちょうどこのころである（同前、三六頁）。木村は、「教育するものの一切の知も一切の意志も、ただ教育の愛から生まれる」という信念のもと（再版 木村素衛『国家に於ける文化と教育』岩波書店、一九六七、二〇三頁、初版・一九四八）、「無名の教師への限りなき傾倒」（再版同著 相原信作「再刊に寄せて」二頁）を示していた教育学者であり哲学者であった。一九四三年、池田は衣笠小学校時代の実践をもとに最初の著書である『子供を観る』（一条書房）を世に問うが、「序」を木村が書き、「装幀・装画」は田村が担った。木村は池田について、「筆者は全く身心一切を投じて児童の中に住み込んでいる人」であり、「不断に子供に於いて問題を見出し課題を追究している人」である、と書いている。従来の児童心理研究との間に違和感を感じていた池田は、同著で「具体としての児童心理研究は、国民学校教師の手にこそ委ねなければならぬ」と、現場教師の身体を通して捉えた児童心理研究のあり方を提案していた（池田「後記」同著、三四三頁）。

それでは、こうした木村を中心とする糸賀・池田・田村と酒川は、どのような関係にあったのだろうか。次章でも述べるが、糸賀ら三人は、戦後の一九四七年、酒川が主導し羽茂村で開催した夏期大学に講師として参加し、講演している。それを紹介した「佐渡」という一文の中で、糸賀は「私も池田、田村両君も酒川先生とは京都時代の共通の友人であった」（田村一二編『南郷』第七号、近江学園発行、一九四八年九月三〇日）と記している。近江学園を創立した翌年であり、しかも交通事情と食糧事情が悪い中、一〇日間に及ぶ三人そろっての佐渡行きであった。中でも、弟のように接した池田との関係は強かった。池田は、すでにその前年、立命館大学の谷岡武男らとともに、酒川を訪れていた（『萬外翁書留帳』羽茂公民館所蔵）。

また酒川は、京都時代の教育活動を振り返る中で、「児童心理研究会を起こして同志を叫号し、大学の教授の指導を受けた」とし、「この同志たちは京大の哲学と教育学の講義を盗み聞きに二年も通いつめた」と明かしている（酒川哲保「人間創造」高田教育研究会発行『教育創造』六〈一一・一二〉、一九五三、一三頁、傍点・知本、以下「人間創造」）。戦後、児童心理研究会は、池田らを中心に再建されており、現在に至っている（芝原秀正「二　研究活動のあゆみ」『五〇周年のあゆみ』京都市小学校教育研究会 教育心理研究会、一〇頁）。この「同志たち」の中心メンバーとして池田がおり、指導を受けた「大学教授」には、木村もいたのではないだろうか。酒川は、「略歴」の中で、知り合えた「大家」として、画家以外に唯一木村の名前を挙げている。木村は、酒川よりも六歳年上であり、三人にとっては兄貴分に当たっていた。酒川らは、木村が傾倒した教育愛を持つ「無名の教師」たちであっただろう。しかし木村は、一九四六年三月、五一歳で逝去した。それは、戦後出発したばかりの新しい日本の教育にとって、大きな喪失であった。

（三）交錯する三人の軌跡

それぞれの道を歩んでいた三人を、再びふるさとに結びつけたのは、敗戦であった。

藤川は、一九四五年五月、灰燼《かいじん》の東京を逃れ、四五歳で羽茂村に帰った。藤川は、長男春男（この時一九歳）を筆頭に五人の男の子に恵まれたが、五男の浩はまだ四歳であった。藤川の八月一五日への思いは、この二首に良く現れている。

おもはぬに和平をのらすみことのり畏み聴き涙しながれる
すべなしと思ひきむれどたまらなくいきどほろしくなれる時のま

（前掲『兵われは』「帰住後」より）

藤川が、玉音放送への思いを詠んだ歌は、初めの一首のみである。しかも「帰住後」一〇首中の八首目に置かれており、最後を右記の二首目で結んでいる。藤川は、「和平をのらす」と自分を納得させながらも、やり場のない憤りのなかにいた。そして、何よりも気がかりだった海軍兵学校在学中の二男明男の復員を、心から喜んだ。

次に、庵原が、敗戦をどのような心境で迎えたかは定かでない。庵原は、敗戦の翌年には新潟県知事官房勤務と県行政の中枢にのぼりつめていた。しかし、一九四八年二月には、翼賛壮年団長の任にあったことを問われ、公職追放される（『公職適否審査関係綴』羽茂村役場文書）。前年四月には、瀬平も追放されていた。庵原は、一九五一年七月に追放解除されるまでの三年間（『団体等規正令資格審査関係綴』羽茂村役場文書）、経済的にも社会的にも苦しい時期を送った。庵原は、この間も含めて、羽茂の小中高を始め、実に島内一五ヶ校の校歌の作詞を手がけている。文人として知られていた地方行政官庵原の、面目躍如たるものがある。その内、一九五〇年に制定された「羽茂中学校校歌」に、「時代の夜を拓くべき」（一番）と「理想の社会つくるべき」（二番）という一節がある。庵原は、戦後日本の理想の実現を子どもたちに託したのである。

そして酒川は、京都府立朱雀第六国民学校校長の職を辞して帰郷し、羽茂村立羽茂国民学校大崎分教場の一訓導になった。敗戦の翌年四月のことである。後年酒川は、「敗戦後、掌を返すような言動を、同じ子供や父兄の前に演じなければならない苦しさにさいなまれ、一つにはもう一度学級担任に帰りたい切なる願いとで、私は郷里に帰った」と、その思いを記している（前掲「人間創造」一五頁）。酒川は、戦前と同じ校長という立場のまま、子どもの前で戦後民主主義の教育を語る自分を許せなかったのである。戦後の教師には、自責の念から職を辞した者、変質と保身の間で現実的に生きる道を選んだ者、戦前への痛切な反省から、戦後の民主的な教育を担おうとした者がいた。酒川は、都市の大きな学校の校長から、故郷の分教場の一訓導として再出発する道を選んだのである。教育者として、ひとつの戦争責任の取り方であったと言えよう。

また酒川は当時四五歳であり、学級担任として教師生活をまっとうする道を選ぶには、ぎりぎりの段階であった。父母は老齢であり（父親は帰郷後わずか一ヵ月で死去）、農地改革で不在地主の土地が没収される状況も、長男であった酒川の帰郷を後押しした。しかし、戦後京都で小野ら仲間たちと新しい教育へのスタートを切っていた酒川にとって、帰郷は苦渋の決断であったにちがいない。

こうして、敗戦という現実に引き寄せられるように、羽茂村で三人の軌跡が交錯した。そして、田川や瀬平といった明治世代からバトンを引き継いだ三人は、酒川を中心に、農学校で育った青年たちとともに、羽茂村の戦後地域文化と教育をつくりだしていくのである。

【注】

（一）戦前農学校の甲種と乙種の区別について、以下、簡単に説明しておきたい。一八九九（明治三二）年の農業学校規定により、甲種と乙種が設けられた。甲種は、一四歳以上で修業年限四箇年、高等小学校卒業者及びこれと同等以上の学力を有する者、乙種は、一二歳以上で修業年限四箇年、尋常小学校卒業者又はそれと同等以上の学力を有する者とされた。以後、一般に甲種は程度の高いもの、乙種は低いものと見なされてきた。以後、乙種程度の農業教育が普及した。そして、一九二一（大正一〇）年、農業学校規定が改正され、甲種・乙種の区別が廃止された。両者を統一して、入学資格を一律に尋常小学校卒業程度とし、修業年限は、尋小卒は三箇年ないし五箇年、高小卒は二箇年ないし三箇年とした。こうして、法令上の組織の単一化はすすんだが、甲種、乙種の区別は、その後もしばしば使われた。とりわけ、専門学校入学における無試験検定の入学者は甲種とされたため甲種が増え、一九二〇年代をピークに乙種は減少に転じた。そこで、一九三〇年には、農学校規定を改正し、いわゆる乙種農学校を普及発展させるために、修業年限二年を認可した。さらに、一九四三年には「中学校令」が公布され、実業学校は中学校・高等女学校とともに、中等学校として認可されることとなった。

（二）庵原、藤川、酒川の三人ともに回顧録の類いを残していない。三人の歩みについては、別の断りがない場合は、次の資料に基づいている。『庵原健歌集』（歌と評論叢書　第四八編、一九七四）中の「庵原健年譜」及び「跋文」（同人、鯉沼昵）と「あとがき」（長男・庵原直道）。『藤川忠治遺墨集』（歌と評論第一九回全国大会実行委員会編、一九八〇）中の「藤川忠治略年譜」及び酒川哲保「藤川忠治先生の人と歌と書風について」。『酒川哲保先生を偲んで』（酒川哲保先生顕彰会編、一九九三）中の「酒川哲保先生年譜」と自作の「略年譜」及び「履歴書」（羽茂小学校所蔵）。尚、藤川は『胎動』（一九三一）、『練馬南町』（一九五六）、遺歌集『かりばね』（一九七六）、『兵われは』（四男　滋編、二〇〇二）、『紅葉ケ谷』（五男　浩編、二〇〇五）と五冊の歌集を残している。酒川は、著書や歌集はないが、地域教育や文化運動に関わる論稿がある。又、庵原は一九六三（昭和三八）年に町長となり、人を育てることを通した町づくりの先頭に立った。

（三）『兵われは』の歴史的な評価については、知本が「歌集『兵われは』とその時代　前編」（佐渡地域誌研究会編『佐渡地域誌研究』第一三号、二〇一五）と「同　後編」（『同誌』第一四号、二〇一六）で論じている。

【引用・参考文献】

・三好信浩『日本農業教育発達史の研究』風間書房、二〇一二（三好、三三六七頁）
・大内裕和「『国民』教育の時代」『岩波講座 近代日本の文化史〈八〉感情・記憶・戦争』岩波書店、二〇〇二（大内、一一七頁）

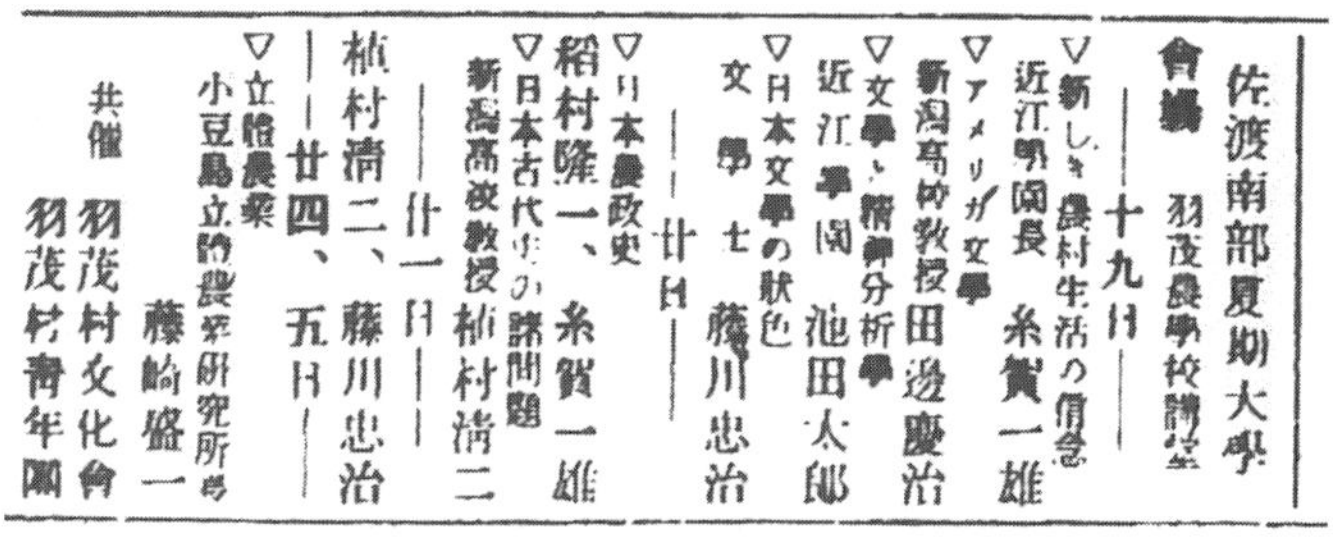

佐渡南部夏期大學
會場 羽茂農學校講堂
―十九日―
▽新しき農村生活の信念
近江學園長 糸賀一雄
▽アメリカ文學
新潟高師教授田邊慶治
▽文學と精神分析學
近江學園 池田太郎
▽日本文學の特色
文學士 藤川忠治
―廿日―
▽日本農政史
稲村隆一、糸賀一雄
▽日本古代史の諸問題
新潟高校教授植村清二
―廿一日―
植村清二、藤川忠治
―廿四、五日―
▽立體農業
小豆島立體農業研究所長
藤崎盛一
共催 羽茂村文化會
羽茂村青年團

『佐渡南部夏期大学』を告知する『佐渡新報』

（昭和 22 年 8 月 15 日『佐渡新報』抄）

母の会研修会の研修会誌　6 号

（羽茂小中学校母の会発行）

第二部　戦後における地域と教育

―敗戦から一九五〇年代まで―

第四章　地域に根ざした文化運動と教育

第五章　羽茂村全村教育と村づくり

第六章　戦後の教師像と酒川哲保

第四章　地域に根ざした文化運動と教育

一　地域に根ざした文化運動

（一）地域文化運動の胎動

敗戦という現実と戦後の混乱を前にして、「何百万という人々が、国家から指図をうけずに自分自身の人生をつくりだすとは、いったいどういうことなのだろう」と、考え始めていた（ジョン・ダワー『増補版　敗北を抱きしめて（上）』岩波書店、二〇〇四、一三五頁）。そして、「拠り所を失った人々が自己を立て直し、〝世界〟を把握するための指針を求め」全国各地で多様な地域文化運動を展開した（北河、二〇〇〇）。羽茂村をはじめ、佐渡の文化的指導者と青年たちも、その渦中にあった。

敗戦後の地域文化運動には、戦後地域社会の源基となる地域づくりの初心がある。人びとは、新しい生き方を求め、新しい村と島の形を求めたのである。一九四〇年代の後半から五〇年代の前半にかけ、地域文化運動を通してつくりだそうとしたものとは、何だったのだろうか（以後戦後の年号については、原則として西暦のみを記す）。

戦後佐渡の地域文化運動

佐渡の地域文化運動を主導したのは、一九四六年九月二〇日に創刊された『佐渡新報』（発行佐渡新報社、以下『佐渡新報』）である。同紙は、発刊の辞で、「佐渡再建の為め論議の展開促進と実践的施策を樹立する為に社中挙げて協力せんとするものであります」（『佐渡新報』第二号、国会図書館所蔵）と、言論を通して、戦後佐渡の改革をリードする姿勢を示した。『佐渡新報』の動きにいち早く応えたのは、高等女学校の教師中川喜一郎（一八九四―一九七三、金澤村、以下喜一郎）と歯科医師の本間林三（一九〇一―一九七七、両津町、以下林三）である。ともに、大正デモクラシー期佐渡で発刊された文芸誌『純芸術』に集い、レコードコンサートや朗読会などさまざまな文化運動を展開した土着の文化人であり、思想家であった(一)。

喜一郎は、一九四六年一二月、「人間性の解放という画期的変動期を機に徹底的の文化的追究を行い農村文化の向上に寄与すべく」、金澤村文化連盟を設立した（「金澤村文化連盟結成 会長に 中川喜一郎氏」『佐渡新報』一九四七年一月一二日号）。喜一郎の片腕であった同会庶務の笠井栄吉は、加入に際し「男女年齢等制限を設けないこと、一般人の中から希望者は随時加入できること、また事業をなすにも一会員の希望によって事業計画を立て、随時それを推進実行したこと」など、「当時としては異様に見えた団体でした」と回想している（笠井栄吉「金井文連発足当初の思い出（二）」『佐渡新報』一九六二年一月一一日号）。同会は、離島の僻村から戦後民主主義の世の中にふさわしい文化団体を育てるべく、会員による下からの文化運動を志向したのである。同連盟は、一九四七年七月には、設立一年を待たずして会員百名を突破した（「金澤文化連盟支部結成か」『佐渡新報』一九四七年七月一日）。

一方、林三は、一九四六年の秋、「青年運動を文化的に高めること」を志し、「今日祖国再建の課題である世界文明への参画に一微の力を加したいといふ文芸復興的要求」から、両津演劇サークルを設立した（本間林三「演劇サークルの弁」『佐渡新報』一九四六年一〇月一日号）。翌年の一二月には、島内九つの青年団や演劇団体が加盟し、林三を会長とする「佐渡郡自立演劇連盟」が結成された（「自立演劇連盟会長に本間林三氏決 第一回コンクール申込殺到」『佐渡新報』一九四八年一月二八日）。「やくざ芝居」や興行演劇が全盛であった佐渡の農村演劇を、青年団主体に、新劇による現実の生活に根ざした創造的な演劇へと発展させようとしたのである。

しかし、こうした文化運動が、順風満帆に進んだわけではない。「今われわれは食うことさえも出来ないのに何の文化運動ぞ」、という批判が寄せられていたのである（中川喜一郎「文化と経済の関係」『佐渡新報』一九四八年七月二七日号）。喜一郎は、論陣を張った。

文化と経済との関係

中川喜一郎

人間の生活なんてそう単純なものではない。食える食えぬということばかりにこだわっていると、自己も小さくなるし他人を理解する眼も狭くなる、そんなに消極的ではとても戦争で打ちのめされた日本の再建などむつかしい、もっと人生を廣く見て、食い道も考えようし文化方面も廣く見て出来るだけ積極的に楽しく元気好く希望をいただいて全身全霊を傾けて活動しようではないか、それこそ人間の人間らしい人格活動ではないか。そこからこそ個人も民族も浮かび上がるのだ（七月二十四日）。

（『佐渡新報』一九四八年七月二七日号、傍点知本）

金澤文化連盟では、演劇研究会などの文化的活動とともに、農地改革の講演会や農事試験場長による農業経営の講座など、生活と生産に根ざした学びの活動を展開していた。こうした文化運動のかたちは、佐渡ではむしろ大切にされていた。そこには、経済と文化を一体のものとして捉え、戦後の希望を生み出そうとする喜一郎の力強いメッセージが込められていた。

【注】

（一）戦後佐渡の地域文化運動については、知本が、『佐渡郷土文化』（佐渡郷土文化の会）誌上の一四五号～一五〇号にかけ、「戦後佐渡に於ける地域文化運動（一）～（六）」として連載した。その内、大正期の地域文化運動とのかかわりについては、一四五号に詳しい。

【参考・引用文献】

・北河賢三『戦後の出発　文化運動・青年団運動・戦争未亡人』ＡＯＫＩ　ＬＩＢＲＡＲＹ日本の歴史現代、青木書店、二〇〇〇（北河、五〇・五一頁）

『歌と評論』の復刊

戦後羽茂村の文化運動にとって大きな意味を持ったのが、歌誌『歌と評論』の復刊である。『歌と評論』は、一九四四年戦時統制による歌誌の整理統合のため、通算一七八号をもって終刊を余儀なくされた。そして翌年四月、合同歌誌『おだまき』に統合された。その後間もなく羽茂村に帰った藤川は、(一)一九五一年一月に信州大学文理学部教授として職を得るまでの約六年間羽茂村に住み、「帰郷文化人」(二)として、羽茂村の文化運動にかかわった。その間、羽茂農業高等学校の国語教師も務めた。

藤川が『歌と評論』の復刊号を発刊したのは、帰郷から翌年の一九四六年九月のことである。(三)藤川は、復刊号に「終戦の頃から雑誌復刊の決意をかためてゐたのであるが、いま満二年にして復刊初号を送り出す運びとなったことは何としても喜びに堪へない次第である」（「編集雑記」『歌と評論』九月復刊号、一九四六年九月一日）と、その感慨を披瀝《ひれき》している。一九五〇年まで一八冊を佐渡で刊行した。『歌と評論』が、羽茂村や佐渡に最も大きな影響を及ぼしたのは、この時期である。

藤川は、復刊号の巻頭言を「復刊の意義と使命」と題した。そして、「正義を歌壇に布《し》くことは新文化建設の一翼を荷ふことになると信ずる。（中略）敗戦を身にしめて良き教訓とし、われ〳〵は立ち上がる。理想を仰いで一歩一歩確実な前進あるのみである。」と、戦後社会に立ち向かう決意を力強く述べた（前掲『歌と評論』九月復刊号）。この思いの裏には、戦時下の出版統制に対する藤川の深い憤りがあった。

巻頭言『古典の再吟味』

戦時中、軍国主義的、神がかり的イデオロギーによって、自由なるべき古典研究はゆがめられた解釈を強ひられて窒息状態に曝《さら》され一色に塗りつぶされようとしてゐた。（中略）総じて学問芸術の自由なる研究は無視され抑圧され、その発表は極度に掣肘《せいちゅう》され、殆ど文化的活動を停止されてしまったといふのが、終戦直前のわが国の姿であった。紙は弾丸なりといふ軍の暴論に黙視せざる得なかった当時を回想してはうたた感慨なきをえない。

（『歌と評論』十一月号、一九四六年一一月一日）

こうした思いをぶつけるように、藤川は、戦後の「地方文化の向上に寄与し」「文化的使命の重責にこたえる」べく、『歌と評論』の歌会を始めたのである（「巻頭言　歌誌と地方文化」『歌と評論』一〇月号、一九四六年一〇月一日）。

【注】

（一）『新潟日報』紙上で、藤川は「文学　最後に空襲の難を避けて本県へ疎開した小説家は松岡譲、小田嶽夫、小山いと子、石塚友二、歌人としては東洋美術の権威でもある会津八一、前法政大学教授藤川忠治、詩人には堀口大学の諸氏であった」と紹介されている（「県下文化運動への省察」『新潟日報』一九四六年一二月三〇日号）。

（二）戦後地方の文化運動の指導者には、「地方文化人」と「疎開文化人」がある。前者は、地域に定住して地域の文化運動をリードした文化人であり、後者は戦火を逃れて地方に疎開し、地域の人々の要請に応えて文化運動を指導した中央の文化人である（前掲北河著、二・三頁）。ここでは藤川を、故郷に疎開してきたという意味で「帰郷文化人」とする。戦後埼玉県川口市の文化運動を論じた中に、既に「川口市の場合は、帰郷文化人とでもいうべき細井栄吉のような人があった」（田辺信一「戦後初期の地域文化運動―埼玉県川口市の場合―」戦後社会教育実践史刊行委員会『戦後社会教育実践史』第一巻　一九七四、三五頁）とある。

（三）九月復刊号は、『歌と評論』第一七巻第一号となる。編集兼発行人は藤川忠治、印刷人は佐渡産青連印刷所代表本間林三、発行所は新潟県佐渡郡羽茂村「歌と評論社」であった。「社規」には、「毎月一回発行」「定期に歌会を催し」とある（「編集雑記」及び奥付より、『歌と評論』九月復刊号、一九四六年九月一日）。

歌会から生まれた地域文化運動

村には復員軍人が帰ってきた。食糧難でもあり、畑が荒らされるなど人心は荒廃していた。そうした中、一九四六年二月一日、藤川又太郎（藤川忠治の従兄弟で隣家に居住。以下又太郎）を会長に、羽茂村青年団が結成された。満一四歳から二五歳までの男子二四〇名で構成され、副会長は山岡利納であった。「目的要項」には、「新日本建設にまい進し人類文化に寄与し世界平和に貢献すべき資質を啓培するを目指す」と、記されていた（「婦人団体青年団体現況報告」社教第一五三号、一九四七年五月二七日、教育委員会文書）。また、羽茂女子青年団も団員一三〇名で結成された（同前）。

復員した青年たちは、戦後の疲弊した状況から文化への飢えを満たすべく、同年六月二三日の『歌と評論』の歌会に集った。歌会には、参加者一二名中、青年団の正副会長をはじめ、後に青年団運動と文化運動を中心的に担う九名の復員兵が参加していた（「六月羽茂村歌会記」『歌と評論』一九四六年一〇月一日）。そのうち青木政雄、山岡利納、葛西秀の三人は、戦前から『歌と評論』の会員であった。

続く同年一一月九日の歌会から、会は文化的な飢えを満たすという以上の意味合いを持つ。会に先立つ同月三日、又太郎は、小学校の運動会の来賓席で「新しい時代を開くための研修施設を作ろうではないか」と説き回った（前掲『百年誌』二七頁）。公民館の設立である。その相談を受けたのが、酒川と藤川、そしてまるだい味噌の幹部であった井桁朔次《いげたさくじ》（以後 井桁）である。又太郎は、国家再建のため、復員兵に、「新しい公民教育を指導し、曾《かつ》ての軍国主義から脱却し一日も早く民主主義国家建設に努力して貰《もら》いたい」と考えていた（藤川又太郎「民主化の拠点として」「館報はもち」一九八二年七月号、以下「拠点として」）。

そして、同年一一月九日の歌会を迎える。

歌会報　羽茂歌会記

十一月九日夜、羽茂国民学校に於いて羽茂村文化会設立委員会を兼ねて歌会開催文化会に関する協議をとげた後歌会に入る。活発な論難は反駁《はんばく》を呼び盛会裏に終了。冴え渡る日光の中に鶏鳴を聞き乍ら帰路につく。

尚歌会より発展した文化会は近村にも呼びかけて十一月二十日発会式挙行。藤川先生より正岡子規と題する御講演をお願ひする事になって居り、以後月二回例会開催、農村精神文化向上のため力強い活動をする事になった

出席者　藤川先生、酒川先生、島倉先生、本間先生、藤川又太郎、北嶋穣治、原田貢、金子幸良、畑野勝治、本間きよ子、中原ふみ子、中原とし子、山岡利納（山岡記）

（「十一月羽茂村歌会記」『歌と評論』一九四七年一月号、一九四七年一月一日発行、傍点・知本）

酒川が初めて参加した。以後、公民館設立に先立ち、青年団から相談を受けていた酒川が

「産婆役」となり（前掲『近現代の羽茂』五五八頁）、一一月二〇日に「歌会より発展した文化会」が発足した。会長は井桁が務め、団員は九四人であった。こうして、復員兵を核とする青年団を中心に、「混沌とした暗夜のような時勢を乗り切るには、文化を正しく捉えることが急務中の急務である」と、「農村精神文化向上」を目指した活動が始まったのである（前掲『百年誌』二二七・二二八頁）。

そして、翌一九四七年六月の歌会では、会に先立ち「夏期講習会」（「夏期大学」のこと）の持ち方が話合われた。

歌会報　六月羽茂歌会記

日時・六月三十日（山口屋旅館）　場所・山口屋旅館

出席者・藤川先生　庵原健　酒川先生　齋藤先生　井桁朔次　佐々木素夫　葛西秀

藤川又太郎　原田貢　金子幸良　高野甲子　藤井昌利　中原愁子　中原とし子

山岡利納

農繁期の為五月例会を休会、二番除草も終わり青み立つ稲目に落着きを取りもどし六月例会を開催した。歌会の前に今夏の羽茂村文学会、青年団主催の夏期講習会の実行方法に付、諸先生方の協力をお願ひして検討を加えた。内容については各分野にわたり相当充実したものになるであろうが、村外よりの参加を希望しております。開会が遅れた為、歌会の散会は一時半頃、月はなく思ひ出した様に蛙が鳴いていた。

（山岡記）

（「六月羽茂村歌会記」『歌と評論』一九四七年七・八月号、一九四七年八月一日発行）

夏期大学[一]には、前史がある。当時、村の現状を心配して相談に来ていた青年たちを対象に、酒川らが教育講座を開いていたのである（酒川哲保「地域に立つ教育」奈良女子大学文学部附属小学校学習研究会『学習研究』第一二六号、一九五八・一・一、六一頁、以下「地域に立つ教育」）。こうした青年たちの動きの中から夏期大学開催を提案したのが、青年会長の又太郎である（酒川哲保「振り出しの頃の回顧（その一）」「館報 はもち」一九八三年五月号、以下「回顧（その一）」）。したがって、歌会には青年会団長の又太郎と文化会会長の井桁（井桁の歌会参加はこの会のみ）が参加した。また、初めて庵原が参加し、ここに、戦後文化運動を主導した藤川、酒川、庵原という三人の盟友が顔をそろえた。

次に、同年八月の歌会は夏期大学の一環として行われ、藤川を中心とする文学座談会が持たれた。講師の田邊慶治（当時新潟高校教授）をはじめ、隣村から参加した合宿中の十余名を含め三五名が参加し、盛会であったという（「八月羽茂村歌会記」『歌と評論』二二年九・一〇月号、一九四七年一〇月一日発行）。続けて同年九月の歌会は、夏期大学の反省会を兼ねて行われた。

歌会記　九月羽茂歌会記

日時　九月五日午後八時より　場所　山口屋旅館

出席者　藤川先生　庵原健　酒川哲保　木村先生　佐々木素夫　中川壽雄　葛西秀
　　藤川明男　藤川又太郎　青木正雄　蛇ノ目孝至　原田貢　金子幸良　藤井昌利
　　庵原士郎　外山久雄　白井俊春　三浦信夫　熊谷一男　金子延治　中原愁子
　　中原とし子　山岡利納以上二十三名

今夏の夏期講習会の反省を兼ねた歌会は初秋の心の落着き○（一文字判読不能—知本）早稲刈る前の心きほひに清心な気が開会前から自ずと流れていた。反省会では、来年度に備えて周到に議論が交はされ、諸先生方の熱ある御激励に倍々固く誓ひは交わされた。歌会の開催が遅れたが、最後まで徹底的に批評し合ひ閉会は二時になった。外ははがねの様な月が照りわたってゐた（山岡記）。

（「九月羽茂村歌会記」『歌と評論』一九四七年九・十月号）

夏期大学の反省会でもあることから、指導者である藤川、庵原、酒川と又太郎をはじめ、金子、原田など青年団の中心メンバーが顔をそろえていた。

こうして羽茂村では、『歌と評論』の歌会から文化会が生まれ、その文化会と青年団を中心に夏期大学が取り組まれた。村に根づいた歌誌の歌会を母体に文化運動が起きたことに、羽茂村文化運動の大きな特徴がある。また、酒川や藤川を指導者に、それを文化会会長である井桁や庵原（二人共に瀬平の後継者と目されていた）が支え、青年団と文化会を主体に夏期大学を展開する体制がつくられた。それは、戦前の村立農学校設立の運動から一貫している全村的な文化や教育の体制であった。

（二）夏期大学と学びの場の創造

夏期大学の誕生

夏期大学の開催は、酒川自身の願いでもあった。帰村後酒川は、分教場の教育で、大きな壁に直面していた。幼いころから田畑の仕事を背負わされた山村の子どもたちが、「牡蠣《かき》のように殻と岩と山川とを背負つて身動きも出来ないようにされている」現実である（前掲「人間創造」一六頁）。困難な教育の背景には、農村が抱える深刻な現実があった。

酒川は、こうした状況にあった子供に接するには、「自らも其の不幸を感じなければならないと思い、農民の苦しみを苦しみとするためには、或る程度の農業経営に理解をもつべきだ」と考えた。それは、僻村の教育者として生きる「特殊の使命」であった（同前）。酒川は、こうした思いに突き動かされながら、青年たちとともに「昭和二十二年の夏から農業夏季大学を計画」したのである（同前、傍点・知本）。当初夏期大学が、「農業夏季大学」として提案されたのは、このためである。

開催要項を見ると、夏期大学は、羽茂村青年団と文化会の共催で行われた。「自ら求めて集る青年の手によって開かれ」、経費は「青年の受講料の一切で賄」うとされている。また、「時勢の難問を解決する実践の道を開く」ことを目的に、「思想生活生産の各方面に講師を探し快く来てくれる人を迎える」ことにした（前掲『百年誌』二二八頁）。青年が学ぶ場を、青年自身がつくり出し、運営していくことを大切にしたのである。一九四七年の第一回を皮切りに、以降、一九五〇年までに四回開催された（同前、二二八・二二九頁）。

『佐渡新報』は、一九四七年八月一五日付けで、第一回夏期大学の開催を告知している（第二部扉に掲載の資料参照）。会の名称は、「佐渡南部夏期大学」であり、羽茂農学校の講堂で行われた。同所は、戦前の敬神道場であり、天皇制軍国主義の精神が説かれたのと同じ場所で、戦後の文化運動が出発したのである。大学は、四日間開校された。八月一九日は、近江学園長糸賀一雄の「新しき農村生活の信念」、新潟高校教授　田邊慶治の「アメリカ文学」、近江学園池田太郎の「文学と精神分析学」、文学士　藤川忠治の「日本文学の特色」であった。翌二〇日は、新潟県の農民運動家である稲村隆一と糸賀一雄の「日本農政史」、及び新潟高校教授　植村清二の「日本古代史の諸問題」であった。二一日は、植村清二と藤川忠治の、二四日と二五日にも小豆島立体農業研究所　藤崎盛一の講座がもたれた（演題不明）。参加者は、農村での新しい生き方とこれからの羽茂村の農業の在り方、そして教養としての文学や歴史を幅広く学んだ。

夏期大学は、新しい時代の情報を求める青年たちで熱を帯び、「村内ばかりでなく、島内の方々からも青年が集まり、朝八時半から午後四時までの講演を、飢えた狼のように聞き入った」という。「夜も講師を囲んで質問応答がしきり」であり、「凡そ五百人の会員が、五日間、欠席する人もなかった」盛況であった（前掲『百年誌』二二八頁）。酒川は、哲学的講義をあくびひとつせず二時間あまり聞き入る青年たちの姿を目のあたりして、「講師も良かったが、受ける気持ちの切実さが不可思議の現実を見た」と回想している（前掲「回顧その二」）。

また、第一回以降四年間、夏期大学の講師は、生産・思想・文化・教育・福祉・宗教の各分野から、実に考えた選考がなされていた。農業関係の藤崎盛一（豊島農民福音学校主宰）・有本誠作（新潟県立加茂農林指導所長）・春日井新一郎（土壌肥料学者）・赤神良譲（環境社会学者、明治大学教授）、文学関係の藤川忠治（『歌と評論』主宰）・田邊慶治（欧米文学者、新潟高校・新潟大学教授）・諸橋轍次（『大漢和辞典』編者・青山学院大学教授）、政治思想関係の蝋山政道（社会民主主義者・政治評論家、新潟県出身）・土屋清（ジャーナリスト、朝日新聞論説委員）・中沢惣吉（新潟日報論説委員）、女性代議士として神近市子と奥むめお、教育関係の糸賀一雄・池田太郎・田村一二の近江学園関係者と教育評論家で自由学園園長の羽仁もと子、福祉・厚生省関係で厚生省嘱託の伊福部敬子と山高しげり、宗教家の友松円諦など、いずれもその分野を代表する一流の講師であった（前掲『近現代の羽茂』五六〇頁）。

糸賀ら近江学園関係者は、酒川の京都時代のつながりである。田邊は、藤川や庵原とともに、大正期『純芸術』に集った仲間である。また県下農業教育の頂点にあった加茂農林の指導所長や諸橋轍次など新潟県出身者の名前が多く見られる。厚生省関係については、一九四八年当時厚生省の事務次官の任にあった羽茂村出身の葛西嘉資（一九〇六―二〇〇一、以下葛西）の力添えがあったのではないだろうか。著名な羽仁もと子が来村したのは、一九四八年度の第二回夏期大学であるが、羽仁は、糸賀や藤川らとともに講演を行った。

【注】

（一）「夏期大学」ついては、「夏期」と「夏季」二通りの表記が見られる。この時期、新聞紙上などで「夏期」の表記が一般化されており使用頻度も高い。ここでは、引用資料の表記は資料の原文通りとするが、説明の中での表記は「夏期大学」とする。

糸賀一雄と藤崎盛一

夏期大学を通し、羽茂村の青年たちと深く関わったのが、糸賀一雄と藤崎誠一（一九〇三―一九九八、以下 藤崎）である。戦前京都で糸賀・池田・田村という近江学園創立者の三人と深い交友関係を結んでいた酒川は、夏期大学の講師として糸賀らを招へいするために近江学園を訪れた。糸賀は、酒川との友情はもちろんのこと、一九四七（昭和二二）年児童福祉法の制定に従事するなど、子どもや障がい者、そして社会的に弱い立場にある人々に寄り添って厚生行政を進めた葛西嘉資を深く尊敬していた。そして、「葛西さんの故郷へ講師として迎えられるのはこの上もない光栄である」と、語ったという（前掲『百年誌』二二八頁）。

八月一六日から二五日という長期の佐渡行きであった。酒川は、「糸賀講師の熱誠込めた講演は、敗戦国を救った幾多の例を挙げ、深い人類愛のほとばしる青年の魂が、国境を越え、歴史を越えて真理を探究する実例を語り、自らもその一例の如く、壇上に五百の魂を魅了した」（同前、二二九頁）と回想している。糸賀は、近江学園機関誌『南郷』の第七号に「佐渡」と題した、第二回夏期大学の参加記を寄せている（一九四八年九月三〇日号、『糸賀一雄著作集Ⅰ』日本放送出版協会、一九八二、二三九～二四一頁、以下「佐渡」）。


「佐渡」

夏季大学は二十四日から始まっていて、私の担当は第三日目で、「実存と宗教」について一日中やってくれといふことだった。

九時に始まって午後五時まで、正味は五時間余りであったが、へとへとに疲れてしまった。ところが夜、酒川先生の宅へ、小木や近村の先生達が数名押しかけて来て、十一時過ぎまで、昼の講義の続きをやらされる。これで完全にとどめをさされた形である。その夜はぐったりとして、死んだようにねむった。

それにしても、羽茂村の青年達は、たしかに此の一年の間に躍進していた。酒川先生の人柄に慕ひ寄った青年達が、或は村政に或は郷土文化に、廣く深く地味な実践をつづけて、丁度それは地下水のやうに、凡ての草木の根をうるほしているのだった。

「去年よりは少しは向上したと思っているのですが……」

と、控え目に語られる先生であった。昨年、青年達に対する批評を求められるままに、「よそには見られない純なよさというものは感じられるけれど、一人一人が、自分に切実な問題を持ってとっくむという風でありたいと思ふ。問題がないということは、決して自慢にならない」

と、率直に意見を述べたのであったが、今年はもう此の批評は当たっていなかった。彼等は既にその経済的な生活の中で、はげしい時代の苦悩を味っていたし、その息苦しさを呼吸していた。而も彼等はデカダンな官能の世界に逃避しやうとはしないで、苦しい生活と真正面に向き合ひながら、土と魂を耕し、草と詩を培ひ、家畜と文芸を育てやうと、健康な闘ひを戦っているのだった。羽茂の青年達にとって、文化とは生活のことだと、一人の青年が私に語った。事実青年達は、酒川先生を相談役として、いろんな村の仕事、例へば、公民館や協同組合のことや、農業技術の向上や立体農業論の研究に、或は文芸誌「みなかみ」の出版に、或は夏季大学の設置にと、真剣に働いているのだった。そして彼等が働いているところには、きっと酒川先生の温かい眼が、どこからかのぞいている様に思はれるのだった。

佐渡の山深い僻村であっても、自分たちを愛し見守ってくれる多くの先輩や、理解の深い年寄りたちをもっているこの村の青年達は幸福であった。そしてかういふ村とその青年達があるといふことは、どんなに日本の明日にとって力強いことであらう。都会やその周辺の妙にいらだたしい、虚無的な空気を知らない素朴な健康さを今日彼等の中に感ずることは、うれしいことであった。

（前掲『糸賀一雄著作集Ⅰ』二四〇・二四一頁、傍点・知本）

糸賀は、羽茂村の青年たちが、酒川を相談役に、「文化とは生活のことだ」と、農業に関する研鑽《けんさん》や夏期大学の運営、そして文芸活動に取り組む姿と、それを支える「多くの先輩や理解の深い年寄りたち」の存在に、村と日本の明日を見ていた。一年を経て見た青年たちの姿を目の当たりにした糸賀の一文には、その成長に対するあたたかくも強い確信が込められており、心揺さぶられるものがある。

また糸賀の講演の演題は「実存と宗教」であり、その内容は、「一、サルトルの『壁』。二、死の理解。三、キルケゴールに於ける実存。四、絶望と救済の関係。五、キルケゴールの限界。六、宗教的実存の在り方の問題」（前掲「佐渡」二四一頁）と極めて専門性の高い哲学的なものであった。それは糸賀が、「知性的な訓練が、今こそ望まれてよいのではあるまいか」と考えていたからである。そして「『実存と宗教』を問題とした」のは、「決して流行を追ふからではなく、流行への批判を意味した」ことによる（同前）。糸賀は、青年たちに単なる教養として「実存と宗教」を語ったわけではない。酒川は、思想家としても教育者としても一流の糸賀の話を聞かせることで、新しい戦後の生き方を模索していた村の青年たちに、生き方の糧となる哲学に触れさせようとしたのである。糸賀も、五時間余りの講義をもって、同志である酒川の思いに応えようとした。糸賀はそこに離島の僻村が青年たちと歩みだした戦後の確かな一歩を見つめていたのである。

次に、藤崎盛一である（一）。藤崎は、賀川豊彦の立体農業の考え方に共鳴し、その実践的な教育の場として武蔵野と小豆島の豊島に塾教育的な農民福音学校を設立したキリスト教徒である。藤崎は、「日本のように平地が少なく、山の多い所では、今までの米作中心の平面的農業では将来必ず行き詰ってしまう」と考えていた。そして、米中心の農業から、果樹や家畜などの「あらゆる動物、植物を利用し、土地を立体的に機能的に利用する」立体農業が必要であると説いていた（藤崎盛一『農民福音教育五十年　乳と蜜の流るる郷を求めて』豊島農民福音学校出版部、一九七六、二三三頁）。そして、こうした農業を行うには、「自分の土地で、適当な傾斜地、山、畑などがあり、水田もあるのが理想的」（同前、二〇五・二〇六頁）であり、この条件がすべて整っているのが豊島であった。

そして、藤崎が描く豊島の姿は、「生活完結体の村」羽茂村にも重なっていた。藤崎は、閉講後も各部落の自発的要請によって、三日も四日も民家に宿り実践的指導を繰り返して飽くことがなかったという（酒川哲保「振り出しの頃の回顧」「館報　はもち」一九八二年五月号、以下「回顧」）。当然の如く藤崎は、杉田と互いを認め合っていた。青年たちも、そんな二人の指導を一体のものとして受け入れていった。羽茂村にとって、得難い出会いであった。一九四六年一二月には、羽茂村果実協会が結成された。「柿は、戦後の混乱期の物資不足、特に、食糧、甘味品不足の中で花形となり、高値」を呼び（前掲『おけさ柿物語』三〇九頁）、翌年から北海道への出荷が始まった。杉田を中心に、戦後羽茂村が柿づくりで伸びようとしていたこの時期に、青年たちは貪欲に藤崎の立体農業から学んだのである。

さて、夏期大学での講義に止まらず、豊島の立体農業研修所で開かれた「冬季福音学校」には、羽茂村から蛇ノ目孝至（一九四九年・第三回）、葛原太久美と長原隆一（一九五〇年・第四回）、渡辺博（一九五二年・第六回）が、隣村小木町の琴浦集落からは、酒川の強い勧めで、石塚一幸と石塚政一（一九五一年・第五回）及び高藤数夫（一九五四年・第八回）が入学し、藤崎の立体農業を学んだ（農民福音学校編　藤崎盛一発行『農民福音学校』所収の『卒業者名簿』より。一九七七）。そこで研修した果樹栽培や傾斜地の利用、羊の飼育などは羽茂村の農業に多く取り入れられた（渡辺博「文化人酒川先生の思い出」前掲『酒川哲保先生を偲んで』三頁）。こうして村の青年を冬季福音学校に派遣し研修をさせたのも、酒川であった。

【注】

（一）糸賀のように、酒川と藤崎との関係を示す資料は残されていない。しかし、一九四七年三月に、藤崎が近江学園を訪れて、立体農業に関する座談会を開いていることに注目したい（『南郷』第二号、一九四七年三月一五日号）。この時期夏期大学の講師要請で酒川が近江学園を訪れており、こうした藤崎と近江学園との関係の中で、酒川が藤崎の存在を知ったということは、十分に考えられる。

村立「佐渡植物園」の開園

酒川は、山の分教場への通勤途次に、「子供と計って山間の道に植物名を書いた札を立てた」。それを村人が喜んでくれるので、度津神社の境内に植物園を設立することにした（前掲「地域に立つ教育」六一頁）。これが、一九四八年の四月に、佐渡植物園が誕生したきっかけである。『佐渡植物園趣意書』（起草者名不詳。羽茂村教育委員会文書）を見ると、植物園は、地方青年団と公民館を中心に、各学校及び青年団が後援し、酒川、近藤福雄（写真家で金澤村在住の文化人）、北見秀夫（両津高校教諭）、村川経一郎（羽茂農学校教諭）などが指導して設立された。同年六月には、本田正次博士（東京大学教授、同附属植物園長）と武田久吉博士（日本山岳会会長）の実地指導を受けた。

『同趣意書』には、「一、本島植物分布の多様性の縮図として出来るだけ此処に蒐集《しゅうしゅう》栽植して研究家の資料とする」、「二、遍境《へんきょう》の地にあつて文化的学的の資料に恵まれない島民のために植物方面の出来るだけ多くの資料を与へる」「三、田園、山間又は海辺生活の侘《とぼ》しさの中に豊かな趣味を培はせる第一歩として先ず植物に親しませる」「四、新時代に於ける青少年の教養の具として、学習の場としての植物園を提案する」「五、生産、厚生の参考研究の場として培養、試植、陳列、試験等の施設をする」という植物園設置のねらいが示されていた（傍点・知本）。

植物園は、研究の資料に止まらず、むしろ、地域が持っている自然という文化的な資源を生かしながら、村民が情操や教養を養い、子供たちが学習する場として構想されていた。とりわけ、都市に比べて、学習材の不足をはじめとする教育環境の遅れを痛感していた酒川にとって、自然教材の宝庫である植物園は、生きた学習効果を期待できる学びの場であった。そして、羽茂村にとっても、立体農業に関する研究の場としての役割が期待された。佐渡植物園は、趣味や慰安としての場から、少しずつ農業生産力を高める学習の場としての性格を持つようになっていったのである。

しかし、戦後のこの時期に、植物園を維持するのは、容易なことではなかった。酒川自身が動ける条件も、青年団の奉仕にも限りがあった。植物園の存続は危機にひんしていた。しかし、一九五二年四月に「文部省から博物館相当施設として認定されることになり」、理解者も増えてきた。そして、同年六月には羽茂村に移管して村立佐渡植物園と改称、「専属の係員を置き、百万に近い寄附や予算なども動いて立派な温室や四阿《あずまや》なども」つくられた（前掲「人間創造」一七頁）。

こうして羽茂村は、敗戦後の村社会に、夏期大学とともに植物園という学びの場をもつに至った。それは、佐渡の僻村において、酒川を中心に文化会や青年団が主体となり、村民各層の支援を受けて下から創り出した、ひとつの文化的な事業であった。文化国家の建設を謳《うた》った戦後社会の姿が、ここにある。

生活と労働に根ざした公民館活動

一九四六年七月五日付けで、地域における社会教育の拠点として、公民館の設置を奨励する「文部次官通達」が出された。又太郎が、運動会の場で、新しい研修施設の必要性を説いて回った四ヵ月前のことである。翌年、戦後初の公選村長である海老名五一郎は、酒川に公民館事業の立案を依頼した。酒川は、「青年会長の藤川又太郎君と既に実施していた青年の夏季大学の案を拡げればよかろう」と考え、申し出を受けた（前掲「回顧」）。酒川は、公民館活動に対してこんな思いをもっていた。

此の春、私達に公民館企画の全面的責任が与えられた。幸に村には、すばらしい農業技術指導員が二十年来居ついている。其の上愛すべき青年団幹部の協力を得ることになつた。私達はまず公民館を産業技術向上の為のものとして印象づけることに努力した。仕事の中に無限の楽しみを発見させようというのである。敗戦の事実はそれ程に村民の心を傷つけてはいなかつた。青少年の不良化も他村に比して少なかつた。早速建設へ建設へと急いだのである。農村恐慌は目前に迫つている。心なき村民も幾分耳を傾けようとしている。こうして教育の環境は徐々に是正されて行きそうである。

（酒川哲保「山村と共に育つ分教場の教育」教育技術連盟編三（一一）『教育技術』一九四九―〇二、三四頁、以下「分教場の教育」）

酒川にとって、杉田と青年団の幹部が、信頼すべき協力者であった。食えることが何よりも優先された時代である。ましてや羽茂村は、戦前から、農業立村のもと地域づくりを進めてきた村である。公民館を、農業生産を向上させるための学びの場として印象づけ、仕事の中に楽しさを発見させせることが、青年をはじめとする村人にとって、文化的な生き方の核に置かれる学びの姿であった。そこには、「心なき村民」の理解も得られるようにとの配慮も込められていた。事業計画が策定された。村長を館長に、顧問には村で最も影響力をもつ瀬平が座り、公民館委員には、村議会議長と村議会議員、農学校の校長、青年団副団長と婦人会長が並んだ。そして、実際に公民館活動を動かす各部長には、教養部主事に酒川、産業部主事に杉田、事業部主事に又太郎が就いた。また講師には、歌人の藤川と庵原（文芸）、村在住の画家北島吾一平（芸術）、郷土史家の海老名保作（歴史）など、羽茂村が誇る各分野の第一人者がそろった。著名な農本主義者であり、篤農家の藤井甚吉も農業の講師に招かれた。農村の伝統的技能の継承と、旧勢力の結集である。こうして羽茂村の公民館活動は、村の総力を挙げてつくられた。この体制が、戦前の翼賛運動の焼き直しに終わったのか、それとも戦後の村社会をつくりだす原動力になったのかは、一つに公民館活動の内容にかかっていた。

一九四八年四月二九日、役場庁舎内に看板だけの公民館が設置された。「事業計画」（『佐渡新報』一九四九年二月五日号）を見ると、月計画の冒頭に、一年の「農事暦」にしたがい、「〇月の農業」と題して毎月の農事の予定が示された。そして、「接木指導」などの農業技能の向上に関する農業講習はもちろんのこと、林業や水産業、農林水産業の全てにわたる講習会が組まれていた。また、竹細工講習会など、農家の副業にかかわる技能講習も行われた。さらに、「一割増産対策」のような農業経営にとどまらず、味噌工場を持つ村として、企業経営にかかわる懇談会ももたれた。

そして、どの月も、文芸講座や「歌句会」などの文芸、郷土芸能、映画会やレコードコンサートなど、村民の多様な文化的要求に応える活動が組まれていた。日々の生活にかかわる台所改善の講座や電力使用講座、服飾に至るまで、働く婦人の要望に応え、生活の近代化を進める講座も開かれた。また、公民館活動とリンクする形で、夏期大学も組みこまれていた。一年を通し、生産と生活と文化の向上を目指した、実に豊かなプログラムである。

ここで、農閑期の一月から三月までの活動を『佐渡新報』（一九四九年三月一四日号）の記事から見ておこう。

羽茂村公民館行事

羽茂村公民館では本年に入ってから次のような事業を行った

▽一月十六日＝台所改善と栄養料理講習会（指導同村本間牧太郎氏、同氏宅の台所見学後栄養料理講習会を行う、出席者三四名）▽一月二十七日＝教育研究会（放飯青年会堂、出席者三八名）▽二月六日＝料理講習会（主催婦人会）▽二月七日＝御茶と礼儀作法の会（出

席者五四名）▽二月十一日＝農業指導会（豊島福音学校講習生ジャノ（蛇―知本）目孝至氏の報告、南部協同農場笠木氏の指導、出席者三八名）▽二月一二日＝社会教育研究会（出席者十二名）▽二月十三日＝御茶と生花及び美術鑑賞会（北島吾平（吾二平―知本）画伯の美術講話、出席者三二名）▽二月十六日〇〇〇（三文字不明―引用者）委会（豊島福音学校講習生ジャノ（蛇―知本）目孝至氏の講話出席者三五名）（以下略）

青年の蛇ノ目孝至が、講師として二回報告している。夏期大学で藤崎盛一の講座に感銘を受けた蛇ノ目が、実際に豊島の農民福音学校で学んだことを、公民館講座で七〇名以上の参加者を前に伝達講習をしたのである。夏期大学という点が豊島農民福音学校で線となり、さらに公民館講座で面になった。学びの場はつながり、広がっていったのである。また、農閑期であることから、台所改善や御茶と礼儀作法の会、そして美術鑑賞会などに、多くの婦人が集った。台所改善と栄養料理講習会は、実際に近代化を進める家庭の台所を見学したり、栄養価を考えた料理講習会を行ったりするなど、工夫が凝らされていた。

こうして、羽茂村の公民館活動は、夏期大学をベースに発展的に取り組まれた。そして、酒川ら村のオールキャストを指導者に、青年層を中核とした全村体制で展開された。農業生産力の向上と生活改善を核に、多様な文化的教養を身に付けようとする、生産と文化一体となった村づくりの文化活動であった。村は、社会教育を通し、本気で村を担う青年を育てようとしていた。

二　酒川哲保と僻地教育

僻地教育の壁

酒川が、京都府立朱雀第六国民学校校長の職を辞して帰郷し、羽茂村立羽茂国民学校大崎分教場の一訓導になったのは、一九四六年四月である。羽茂村の山間部に位置する分教場は、児童数一三二人、二学年複式の三学級編成であり、教師は酒川を含め若い女教師二人のわずか三人であった（前掲「分教場の教育」三三頁）。酒川はそこで、五・六年の複式学級を三年余り担任した。自宅がある羽茂本郷の飯岡から、山道を小一時間歩き通勤した。

酒川を待っていたのは、僻地教育の厳しい現実であった。まず酒川の前に立ちふさがったのが、僻地山村に生きる子どもたちの心の壁である。酒川は、「岩のように、或いは小石のように冷たく固く風雪の前に自らを守って動かない」子どもたちを前に、「私の二十六年間の経験が殆ど役立たない、山村の子供は頑迷に私の教育を受け付けない」という現実に直面していた。田畑山林を背負い、成長段階で経るべきいくつかの教育を素通りし、「放置と無関心の世界で勝手に栄養を拾って来た雑草たちは、もはや手の施しようのない強張った、いじけた人間になってしまって」いたのである（前掲「人間創造」一五頁）。

山村の人びとは、教育に無関心であった。山村にあっては、「学業成績が不振でも、祖先の田畑を損なわない子がよい子」だとされていたからである（佐渡郡小木町宿根木小学校校長 酒川哲保・教諭 佐々木健次「僻地教育の振興を論ずる」教育委員会法施行二周年入選記念論文『新潟県教育月報（第八号）』新潟県教育庁調査課、昭和二五年一一月、一二頁、以下「僻地教育の振興」）。加えて山村僻地の子どもたちは、こうした村が持つ「小心・妥協・迎合というのが美徳とされ姑息《こそく》・諂《へつら》い・衒《まど》いまでがまことしやかに善行の如く思われ」るような精神世界の中にとらわれて生きてきたのである（同前、一三頁）。子どもたちの心の壁は、山村社会が持つ心の壁でもあった。

そこで酒川は、山村の子どもが「自然や社会についていては、都市の子供以上に直感的に深く捉えている」ことに着目した（前掲『地域に立つ教育』六〇頁）。そして、この長所を生かし、「合科的に地域に充満する教材で、この子どもたちにだけ通用する方法で教育すべきだと悟った」のである（前掲『百年誌』二四〇頁、傍点・知本）。「合科的な学習」とは、具体的かつ直感的な生活上の事実を教材に、子どもの自発的・作業的な活動を重視する学習方法である（『日本大百科全書』小学館他）。代表的なものに、木下竹次（一八七二―一九四六）のもとで行われた奈良女子高等師範学校附属小学校の合科学習がある。酒川は、その奈良の影響を受けた朱雀第六国民学校の校長であった。

酒川は、大崎の豊富な地域教材を使い、合科的な方法で子どもの生活実態と生活感覚に応じたカリキュラムを組み、大崎の子どもが分かる学習活動を展開することで状況を打開しようとしたのである。以後酒川は、子どもたちの「モチベーションに重きをおき、子供の経験に乗せて、流れるままの学習を工夫」すること（前掲「地域に立つ教育」六一頁）に専心していった。「家畜の調査、果樹の調査、米の供出、協同出荷の統計、農機具の分解組立て、薬草山野菜の採集、魚釣り、いなご取り、飼育栽培とその記録、設計、丸太・竹・藁の小屋掛け、木竹・粘土の工作、農道の道普請、客の接待、茶花の稽古、篤志家《とくしか》の事跡調査、見学等々を季節により機に乗じて、子弟同行の形で学習に乗せて」いった。そして、「時には子供に教えられ、地域の篤農《とくのう》の教えを請い、技術者をたのんで講師とし、出来るだけ教室を拡げ、歩ける範囲は余す処なく教室として学習して」まわった（同前）。「米の供出」の授業では、当時農家にとって大変な重荷であった米の供出について調べ、珠算を使い、田畑の耕作面積に基づいた米の供出量の計算と組み合わせて学習させた（前掲『百年誌』二四〇頁）。生活に根ざし、親も歓迎する珠算を使った計算力の向上は、学校教育に対する家庭や村の信頼につながった。学習のベースとなる基礎的な計算力や国語力の不足に悩まされたが、家庭と協力し、ドリル学習などを通して力を付けさせた（前掲「地域に立つ教育」六一頁）。

「村つくりの学校」

酒川は、この合科的な学習を、「山村の文化向上、農業経営の革新、協同社会体建設、食生活の改善と台所の科学化、女性解放と家庭生活の新規定、年中行事の合理化と村風紀の作興《さっこう》」など、村が抱える課題の解決と一体化させた、「新地域性カリキュラム」として構想した。「山村と共に育つ学校は即ち村つくりの学校でありたい」と考えたからである（前掲「分教場の教育」三四頁、傍点・知本）。そのねらいは、次に挙げる地区の「敬老会」を題材にした学習単元に良くあらわれている。

「敬老会」七十歳以上の老人を集め、青年と合同で慰安を行う

1　老体をねぎらう言葉と老人への願い（青年）
2　慰安《いあん》の催し（青年と各学年）
3　饗応《きょうおう》（校庭の収穫物、飼育の兎）（四年以上）
4　家庭科長寿に関する学習
　A、本村は日本有数の長寿村であること　佐渡は郡として新潟県一、羽茂村は村として新潟県一であり全国にも珍しいのである。（七十歳以上の老人が人口の七・六％）（本校下の事情調査一〇・二％）
　B、長寿者が田・畑・海・山林の程よき配合の所に多いこと（田・畑の比率計算等）
　C、食生活と深い関係があるらしいこと（新潟県立農村工業指導所に於ける統計につき学習）（栄養の科学とグラフの学習）
　D、長寿者の多いことと全村民の健康とが果たして一致するかどうかの調査（死亡年齢別調査、死亡原因調査等）

E、世界に於ける長寿の統計と日本の位置（本村との比較）
F、長寿と生活についての考察（家庭を楽しく平和にする。社会を楽しく平和にする。）
G、本村食生活の改善について
イ　栄養価とヴィタミンとカルシューム摂取について　ロ　樹木農業と利畜農業のすすめ　ハ　調理法の研究　ニ　運動・姿勢・咀嚼《そしゃく》等生理の問題

（『分教場の教育』三四頁）

羽茂村が新潟県一の長寿村であるという事実に着目し、調査に基づいた合科的な学習と敬老会で構成した単元である。「慰安」を通した敬老の精神の涵養《かんよう》、生産教育と関連した「饗応《きょうおう》」、社会科（統計、調査、分析など）・算数（グラフ作成、比率の計算など）・家庭科（栄養など）との合科学習、そして最後に、食生活の改善を提案している。長寿村羽茂を題材にした、提案性の高い構成である。ここには、〝隠されたカリキュラム〟として、地域の「敬老会」を担う青年団から地域行事の在り方を継承するプログラムも含まれている。児童を通した「村つくりの学校」の学びの姿である。酒川は、「物的生活の科学化と精神生活の向上とを此の村に即して具体化する時、又幾多の教材を家庭に、部落に、学校に、社会に生動化せしめる」（同前、傍点・知本）と、「村つくりの学校」が、家庭と地域に及ぼす教育の力に期待している。

しかし、酒川の「新地域性カリキュラム」は、二つの壁に直面していた。まず、家庭や地域との関係である。家庭や地域に教材を見つけて学習を進めることで、確かに「父兄母姉も兒動の学習のよき助力者となり」、「学校と家庭と社会との完全なる一元化」が志向された（酒川哲保「複式学級を持つ分教場の運営について」教育技術連盟 四（七）『教育技術』一九四九―一〇、六四頁、以下「分教場の運営」）。しかし、「農業技術や農業経営を中心教材にとり入れる場合、兒動はよく家庭と学校との板ばさみに陥りやすい」（「分教場の運営」六五頁）という状況が生まれたのである。酒川は、「兒動をして村つくりの一役を買わしめ、兒動を通しての村つくり乗り出したいものである」と考えていた（「分教場の教育」三四頁）。そして、篤農家と先覚者から学んだことや、杉田と藤崎から吸収した先進的な果樹栽培や立体農業を、児童の学習を通して地域に返そうとした。しかし、農学校の生徒ならばそれは可能である。そもそも、児童では無理があったのである。

　また酒川は、絶対的に教材が不足する中で、いかにして児童に力を付けたらよいのかに腐心していた。「山間の農村には辞典がない。参考書がない。買入れようにも資力がない。各自に買わせることも、甚だ困難な事情が伏在する。辞典や参考書がなくては、単元学習が出来にくい。」（「分教場の運営」六六頁）。それが、現実であった。酒川が目指した単元学習は、「発表、討議の学習の背後に、十分調べる」という「学問の形」をとった探究的な学びであり、調べ学習の条件が伴わない学習は、つながりと深まりのない「兎糞《とふん》的な学習」に終わってしまうという危機感を抱いていたのである（同前）。ここには、「這い回る経験主義」と、新教育に対してなされた学力低下批判に通じる問題が内在していた。

しかし、こうした矛盾を抱えつつも、酒川の思いは、どうしたら山村の子どもたちに希望を持たせ、心の殻を動かすことができるのかに注がれていた。子どもを変えるには、農村を、二三男が見切りを付けて旅立つあきらめの地としてではなく、「花あり肉あり、将来の美しい希望がある処」（前掲「人間創造」一六頁）に変える必要があった。酒川を、夏期大学と「村つくりの学校」へと突き動かした思いである。酒川は、そこに、僻村に生きる教師の使命を自覚していた。酒川は、「村経営の将来を憂い、村民と共に運命を打開しようとする熱意は、山村に奉職する教師として最上の資質といえるかもしれない」と考えていた。そして、「山村の教師は村民の為の指導者でもありたい」と願っていた（前掲「分教場の教育」三三頁）。それは、戦後のこの時期、農村教師に求められていたひとつの典型的な教師像であったと言えよう。

『教育技術』と酒川哲保

大崎分教場の僻地教育は、教育雑誌『教育技術』の運動とともに、全国的にも知られることになる。『教育技術』は、一九四六年四月に創刊された。野瀬寛顕（一八九八―一九七九）が理事長を務め、機関誌の読者をもって全国に「教育技術連盟」が組織された。戦後の教育雑誌の創刊としては最も早い例であり、戦後の新教育で広く啓蒙的な役割を果たした（川津、二〇〇七）。この教育技術連盟の全国研究大会が、一九四八年五月二五と二六の両日、羽茂小学校と大崎分教場で開かれた。野瀬が「〝コンミュニティスクールの運営〟」の演題で講演し、酒川が「〝山村教育について〟」と題し研究発表した（「羽茂校で新教育研究会」『佐渡新報』一九四八年六月二三日号）。大会には、「北陸関西から多勢の参加者があり、大崎の各農家に分宿して、夜は上の坊（地区の寺院―知本）を中心に、盛大な交換会が催された」という（前掲『百年誌』二四三頁）。山村を挙げての歓迎であった。

また、一九四九年の『教育技術』は、さながら佐渡の年であった。佐渡で二回目の『教育技術』全国大会が開かれた。「全国の代表二百名が来島」し、羽茂村を始め島内五会場で行われた（『佐渡新報』六月二五日号）。合わせるかのように、その年の『教育技術』誌上で、酒川の論稿が二本発表された。「山村と共に育つ分教場の教育」（三（一二）一九四九―〇二、全二頁）と「複式学級を持つ分教場所の運営について」（四（七）、一九四九―一〇、全四頁）である。二年続けて全国大会が開かれ、一年の間に二本の論稿を発表しているのは、酒川が、僻地教育に関して全国的に注目される実践家であったためであろう。敗戦後の「人間創造」の決意を、盟友である小野は京都の地から「朱桜教育」として、酒川は佐渡の僻村から「村つくりの学校」として世に問うたのである。

【参考・引用文献】

・川津貴司「野瀬寛顕における教育技術論の成立」（『教育科学研究（二二）』首都大学東京機関リポジトリ、二〇〇七）（川津、一頁）

三　村を挙げた校長就任の要請

酒川は、三年間の大崎分教場での訓導生活に終止符を打ち、校長試験を受けた。理由は、「村の教育行政の不振が看過出来なかったこと」である（前掲「地域に立つ教育」六一・六二頁）。事情は詳《つまび》らかではないが、「村つくりの教育」を進める中で、酒川が教育行政が果たすべき役割についていてさまざまな要求を持つに至ったであろうことは、想像に難くない。酒川は、より主導的な立場に就くことで、状況を打開しようと考えたのではないだろうか。

それは、地域そのものの願いでもあった。酒川を、羽茂中学校長齊籐英雄の後任校長とするための運動が起こったのである。地域の世論は行政を動かし、村は、県当局に宛て、次のような陳情書を送った。

陳　情　書

今回羽茂中学校長齊籐英雄氏の退職に伴う後任校長として羽茂小学校大崎分教場教官酒川哲保氏をにんめいせらるゝ様御願います。

酒川哲保氏は永らく京都朱雀小学校長（朱雀第六小学校―知本）として勤務せられた経験

を生かし本村社会教育並に公民館運動に尽力せられ本年度に入り漸く完成の域に達せんとしつつある状況であります。

今後の公民館運動並びに農村青年指導には酒川哲保氏に期待するもの切なるものがあります。

右事情御賢察の上是非共羽茂中学校長に任命下さる様陳情致します。

昭和二十四年十月二十日

佐渡郡羽茂村村長　海老名五一郎

新潟県教職員課長　石川健四郎殿
新潟県教育長　堀部　健一殿

（『一九四九年度 羽茂村学事関係綴』）


陳情書は、酒川を公民館運動と青年の指導に欠くことのできない存在として、校長就任を訴えている。この間の経緯からして、それは十分に理解できる。では、なぜ小学校校長ではなく、中学校長なのであろうか。そのヒントが、同時期に出された村議会からの陳情書にある。町長の陳情書と同趣旨の内容に加え、その末尾には、「今回羽茂中学校長として昇進して戴けるならば少年教育と結び農村青年教育に多大な期待を懸け得るものと確信するものであります」という一文が添えられていたのである（村議会の陳情書『一九四九年度羽茂村学事関係綴』）。

羽茂村は、一九四七年三月に村立から県立に移管し、翌年四月に羽茂農業高等学校となった県立の農学校を持っていた。酒川には、村の青年を育てるために、小学校の「少年教育」を中学校教育に結び、さらに農学校の教育へとつなげるための、中核的な役割を担うことが期待されていたのである。村の指導者らは、戦後羽茂村で、酒川が主導した地域文化運動や公民館活動を通して、農村青年たちが育ってきていることを認めていた。村はさらにそれを、小中高一貫した学校教育とつなげ、村の後継者を育てる学社一体となった教育体制をつくろうとしたのである。そのためには、文化運動や公民館運動を共に取り組み、青年団をはじめとする村人から強い信頼を得ていた酒川の存在が不可欠であった。陳情書そのものが、戦後酒川が羽茂村で果たしてきた役割に対する、村人からの明確な評価であった。

しかし、村民の願いが叶うことはなかった。酒川は、一九五四年四月に羽茂小学校長として再び羽茂村に帰るまで、隣村の小木町立宿根木小学校長として、学校教育とともに、地域の青年教育に専心することになる。

四　横井戸の水が出た

酒川は、一九四九年一〇月、小木町立宿根木小学校に赴任した。同小学校は、佐渡南部の小木半島に位置する三学級の小規模校であった。酒川はここで、一九五四年三月まで校長として務めた。

宿根木小学校時代で特筆すべきは、同小学校琴浦地区での青年教育と地域開発である。酒川は、地域に学びの拠点をつくることから始めた。まず、夜学校である。青年団の奉仕で「公会堂に電燈を引きストーブを入れ、大百科辞典や参考書を揃えて少年団及び一部学生のために勉強場」をつくった。主に教頭の佐々木健次が指導・監督し、「中学生も高校生も一度にどっと参加するようになって、大夜学会が毎晩」行われた（前掲「地域に立つ教育」六三頁）。

次に、琴浦地区での校長住宅の建設である。酒川は、着任するや、地域の子どもを良くするには、教員住宅を建て、教師と住民が触れ合うようにすることが大切であることを説いた。村ではさっそく部落総会が開かれ、建設が決定された。部落住民三八名の名義で建設登記をして校長住宅がつくられ、酒川が入居した。それからは、毎晩のように校長住宅に部落の青壮年が遊びに上がり、教育の問題や、部落の発展策や、今まで部落が取り組んできた事柄などを率直に話し合ったという（小木町琴浦 石塚一幸「偉大なる酒川哲保先生を偲んで」前掲「酒川哲保先生を偲んで」一八頁）。

こうして、琴浦地区の住民は、酒川を地域住民として迎え、酒川も地域住民となっていったのである。この校長住宅での話から生まれたのが、琴浦地区の開田である。

当時、海岸段丘上に位置する琴浦地区の農耕地は、甚だしい水不足に悩んでいた。全戸で三二町歩の畑を耕作していたが、水田は九戸で二町一反歩を耕作するに過ぎず、飯米の自給が村民の悲願であった（松井誠「琴浦部落の集団農場─農業近代化の貴重な実験を探る─」文芸懇話会発行『近代』第四号、一九五六、七頁）。そこで琴浦地区は、水を得るために、一九三六（昭和一一）年から横井戸の掘削に着手した。しかし、一九四一（同一六）年に、約二六〇間（約四六八メートル）まで掘って断念した。しかし一九五二年、酒川の紹介により小木町で地質調査をしていた新潟大学地質学教室の杉山隆二教授が、琴浦の横井戸はあと六〇間掘れば水脈に突き当たることを明らかにした（「琴浦・横井戸切削の概略」琴浦開田五〇周年記念誌『横井戸の水が出た！』二〇〇三、二頁、以下「切削の概略」）。

　こうして、横井戸の掘削が再開された。「琴浦全戸の三十八戸に地主である宿根木の二戸が加わって計四十戸、一日五人宛、八日に一度の奉仕、五百メートルの奥から更に百十メートルを掘り進む工事が毎日続けられた」（酒川哲保「でほうだい」前掲『横井戸の水が出た！』所収、六・七頁、以下「でほうだい」）。しかし、一〇ヵ月たち、六〇間に近づいても水が出る気配はない。「『また、だまされた。校長が何を知っているのか。学問と実際はちがう』という古老の声が部落の意向を動かして来た」（同前、八頁）。

　しかし、一九五三年三月二八日、折も折、横井戸の工事を続けるか中止するかを決定する総会の場に、「水がでた」という知らせが届いたのである。その日は、ちょうど宿根木小学校の卒業式に当たっていたが、連絡を受けた酒川は、モーニング姿のまま横井戸の水を確認すべく横穴に入った（同前、九頁、次頁下写真参照）。翌日の夜には、開田のための総会を兼ねた祝賀会が行われた。「校長先生、今夜は大いに飲んで下さい」と酒を勧める村人に、酒川は、「いやだな、学問など半農半漁の部落民には不必要だと琴浦人ではないか?」と少し皮肉った。それに対して「いや、参りました。今度こそ学問に負けました。これから何でも教えを守ります」と返したという(同前、一一頁)。村人は、身をもって教育と学問の力を知ったのである。

この後村は、開田を予定している水田を、部落管理の共有水田として、共同耕作を行うことにした。そして、水田に開墾する土地を一カ所に集中するため、農地の「交換分合」を行い、全国にもまれな共同耕作組織がつくられた(前掲「切削の概略」一二頁)。交換分合に反対する住民を説得しながら、こうした動きを主導したのも酒川であった。時に「お前は校長のくせに赤か?」と、役人から叱られた。

水が出たその日に横井戸へ向かう道で。モーニング姿が酒川哲保。
(『横井戸の水が出た!』琴浦開田 50 周年記念誌　琴浦集落　2003)

しかし共同経営は成功し、「赤くない共産村」と農林省のパンフレットに大々的に載せられたり、小学校の社会科教科書（大阪書籍）に二一頁にわたる「開け行く村」という長文が載せられたりもした（前掲「でほうだい」一三・一四頁）。

酒川は、開田を通した村の近代化を進めるため、自ら役所や専門家のところに足を運び話を聞いた。そして、そこで得た学問の力を結果として示すことで、学校と教育に対する村人の信頼を得ていった。酒川が薦めて結成された養豚組合に結集する青壮年たちが、酒川を支えた。会員六人のうち三人は、豊島の冬季福音学校で学んで帰ってきた青年たちであった（前掲「地域に立つ教育」六三頁）。酒川が羽茂村でまいた種は、この琴浦でも花開いたのである。琴浦の改革は、宿根木の夜学会や校長住宅で培われた青年たちとの信頼関係と、豊島や地質学の専門家を通した本物の学びを力に進められた。それは、村の在り方を根底から変えたが、大切なことは、それがそのまま村の子どもたちの未来につながっていたことである。酒川のねらいはここにあった。

一九八五（昭和六〇）年、琴浦集落は、「酒川哲保先生　杉山隆二先生顕彰碑」を建立し、琴浦の恩人として酒川と杉山の功績を後生に伝えた（次頁写真参照）。そこには、「酒川先生の地域開発の情熱あふれるご指導とご助言があればこそ、たびたびの工事の挫折を乗り越えてこの琴浦村が存在していることに思いをいたし、こゝに両先生のご厚情と琴浦村への温かい眼差しを永遠に後世に伝えたく、この地に記念碑を建立する」と刻まれている（佐渡市琴浦「酒川哲

保先生 杉山隆二先生顕彰碑碑文」傍点・知本）。酒川にとって、村の教育者であることは、地域開発の指導者でもあることを意味していた。村人が、そんな酒川の存在を、「厚情」と「眼差し」を通して受け止めていたことに、地域に根ざした教育者としての酒川の真価がある。

酒川哲保先生　杉山隆二先生顕彰碑（中央）
（佐渡市小木琴浦地区）

こうして羽茂村や琴浦集落では、村社会に酒川という存在を得、青年たちを主体に、村の生産と生活と文化の向上を担う人を育てる学び場をつくりだした。村が直面している課題に向き合い、協同して解決する過程を通して、新しい時代に立ち向かう村のかたちとそれを支える知性、そして実践力の獲得を目指したのである。その意味で、戦後羽茂村の文化運動と琴浦の地域開発は、村づくりのための創造的で共同的な学び合いの場であった。

日本国憲法第一三条は、「すべて国民は、個人として尊重される。生命、自由及び幸福追求に対する国民の権利については、公共の福祉に反しない限り、立法その他国政の上で、最大の尊重を必要とする」として、自己決定権（幸福追求権）を謳っている。酒川や中川喜一郎ら文化運動の指導者は、文化を通して、島の青年に、自らの生き方や文化的価値を選び取る自己決定権（幸福追求権）を身につけさせようとした。そして、青年たちはその思いに応えた。戦前から、女子も含めた島の青年に中等教育の場を保障していた佐渡は、こうした文化運動を展開する土壌をもっていたのである。

一九五〇年代半ばから羽茂村で展開される地域教育運動のベースは、こうして用意された。

第五章　羽茂村全村教育と村づくり

一　羽茂村全村教育

戦後の全村教育

羽茂村は、一九五四年四月、念願であった酒川を羽茂小学校長に迎えた。酒川は、以後一九六〇年三月に定年退職するまで、教員人生の集大成として、故郷の村で地域教育実践に邁進《まいしん》した。酒川に求められていたのは、大崎分教場や小木琴浦のように、学校と地域がひとつになり、人を育てることを通して村をつくる教育であった。酒川には構想があった。全村教育である。

全村教育は、戦前の昭和期、とりわけ一九三〇年代の農業恐慌を背景に、「村落共同体の再建と農村の社会経済的な自立を目指して、村ぐるみの学校教育と社会教育を統合して村内改革を推進する」運動として展開された。それは、教育を「村づくりの基礎として位置づけ、村内教育の全体系を総合的に再編成する試み」であり、まさに「地域社会の政治的経済的発展と教育を一体化させた改革構想」であった（三羽3、二〇一三）。また同じ時期に、全村学校が取り組まれた。農本主義者の山崎延吉《のぶよし》（一八七三―一九五四）と、その弟子稲垣稔が提唱した全村学校運動が代表的である。山崎は、「一定期間成人男女を対象として実施した村内講習会を全村学校」と称した（三羽4、二〇一三）。労働と学びを一体化させた密度の濃い塾風教育を通し、村を担う若き農民を育てようとしたのである。いずれも、一九三〇年代に、農村から戦時体制を支える役割を担わされた。と同時に、村落共同体の自立を目指し、学校教育と社会教育が一体となって取り組んだ地域づくりの教育、という側面を強く持っていた。

　戦後も、全村教育は展開された。山田清人（一九〇六―一九七九）をはじめとする教育科学研究会（通称教科研[二]）に所属する教育研究者たちの実践も、代表的なもののひとつである。ここで、戦後教育を代表する教育実践家の斎藤喜博（一九一一―一九八一）と、社会教育の第一人者であった宮原誠一（一九〇九―一九七八）が、群馬県の島小学校で取り組んだ「島村総合教育計画」について触れておく。

　島小に校長として赴任した斎藤の念頭にあったのは、全村教育であった。斎藤は、「学校の教育だけが孤立して進んでいくのでなく、村全体と交流し合って、エレベーターのようにいっしょになって進んでいきたい」と願っていた（斎藤、一九七〇）。斎藤は、村に短歌会や母親の共同学習などを立ち上げ、定期的な父母参観も組み入れた。一方、旧知であった宮原が初めて島村を訪れたのが、一九五三年三月である。宮原は、社会教育と学校教育を一体化し、乳幼児から成人までを一本のものとして編制する総合的な教育計画が必要だと考えていた。それは、「学校教育と社会教育とを総合的にとらえる全村教育的なものであるべきだった」（宮原1、一九七一、傍点・知本）。宮原は、東大教育学部宮原研究室の「いわば実験村として」島村と協力関係を結んだ（宮原2、一九七二）。島村での「総合教育計画発足」に際して行った講演会で、宮原は次のように語っている。

このような教育の社会計画の体制を、われわれは新しい意味において全村教育、全町教育とよぶことができるであろう。それは過去の全村教育、全町教育とは異なる新しい全村教育、全町教育でなければならない。どういう点で過去のものと異なるのであろうか。第一に、過去の全村教育、全町教育には、町や村の指導層が、町村の自力更生の名のもとに、あるいはまた後には国策協力、国防国家体制その他のなのもとに全町村民を動員し、これを村政、町政への協力に駆り立てることを目的としたものであるだけに、全体主義的傾向がつよかったことを否定することはできない。新しい全村教育はそのような上からの号令をかけ上から編成する全村教育ではなく、たとえ指導層の先導のもとにおいてであるにしても、町村民の自発的な活動を足場にして、下から徐々にそだてあげられてゆく全村教育でなければならない。

（宮原3、一九七七、傍点・知本）

宮原にとって、戦後の全村教育は、戦前のように国家体制を支えるものとして上から政策的に降ろされたり、結果的にその体制の下支えとして組み込まれたりするものではなく、町村民自身が、自発的に下から育て上げていくべきものであった。それは、戦前の全村教育を批判的に継承し、戦後の民主主義的な状況の中で再生する試みであった。

全村教育と山田清人

では酒川は、いかにして全村教育と出合ったのだろうか。そこには、戦後全村教育を推進した山田清人（一九〇六―一九七九、以下山田）とのかかわりがある。

戦後の全村教育と佐渡

・一九四六年七月　新潟県関谷学園開園
・一九四七年三月　川口プラン発表
・一九四八年一月　本郷プラン発表
　　　　八・九月　山田清人、全村教育について佐渡で講演（金澤村―八月二一・二二日、小木町―九月二八・二九日）
　　　　九月　望月定治「庵原村全村学校の構造」（『教育』）発表

一〇月　コア・カリキュラム連盟発足
・一九五〇年九月　山田清人『全村学校　生産教育と地域教育計画』（中教出版）出版
一一月　酒川哲保・佐々木健次『僻地教育の振興を論ずる』（新潟県『教育月報』）発表
・一九五一年七月　斎藤喜博「全村全町教育」（群馬県教員組合文化部活動目標）を提案
・一九五三年三月　宮原誠一、島村総合教育計画発足時の講演「全村教育の新旧―教育の社会計画について」
四月　斎藤喜博 東京大学の宮原研究室と連携し「全村総合教育」を開始
・一九五四年四月　酒川哲保 羽茂小学校校長として赴任し羽茂村「全村教育」を構想
・一九五五年一月　坂口春吉教諭を、静岡県庵原村に内地留学に派遣

戦後の全村教育と佐渡の関係をまとめたのが、右の年表「戦後の全村教育と佐渡」である。戦後全村教育の構想は、六・三・三制発祥の地と言われた、一九四六年七月開園の新潟県関谷学園に始まる。戦時下教育科学研究会の会長として弾圧を受け、戦後文部省の教育研究所長を務めていた城戸幡太郎（一八九三―一九八五、以下城戸）は、戦後第一の課題である経済復興を教育の力で成し遂げたいと考えていた。その実践の場として選ばれたのが、新潟県の関谷村である。村長の「全村学校的の構想」と、こうした城戸の考えが一致した。同学園は、男女共学の幼・小（当時は国民学校）・中・高（当時は青年学校）一貫教育の体制をとった。そして中

等教育は、「生産教育に重点を置き、村の林業を中心とした産業開発に直結」させようとしていた（国立教育研究所編『国立教育研究所十年の歩み』一九六一、三三頁、以下『十年の歩み』）。生産教育を柱にした全村教育の構想である。

また城戸には、山田清人の力が必要であった。山田は、戦時下教育科学研究会の幹事を務めた城戸の同志であった。城戸は、「教育の建て直しは地域を土台とした全村教育によらなければならない」という山田の考えに共鳴し、一九四六年五月に山田を研究所員として招へいしたのである（城戸幡太郎〈山田清人先生追悼〉「戦前教科研と文部省教育研修所でのこと」国民教育研究所『季刊 国民教育』第四二号、一九七九、労働旬報社、八頁）。

その山田は、翌一九四七年の一月に行われた「東海地方教育研究協議会」できいた、静岡県庵原中学校の教員望月定治の報告「庵原村全村学校の構造」を契機に、本格的に全村教育を進めるようになる（山田清人「私の戦後あれこれ」⑩日本教職員組合情宣局『教育評論』三三一号、一九七六、八〇頁）。望月は、翌年第三回教育研究全国協議会の山田が担当する分科会でも報告し（前掲『十年の歩み』四七頁）、同年九月には世界評論社版の『教育』に論稿を発表した。望月は、「村の産業建設と教育とを平行して考えてきた」のが庵原村であり、そのような基礎構造こそ「庵原村的全村教育である」とした（望月定治「庵原村全村学校の構造」『教育』九月号、世界評論社、一九四八、四一頁）。庵原村の産業は柑橘農業であったが、山田は、商業的な農業と村の文化・教育活動が一体となった〝全村学校[二]〟に目を見張り、以後何度か庵原村を訪れた（前掲「私の戦後あれこれ」⑩、八〇頁)。

そして一九五〇年九月、戦後唯一の全村教育についてのまとまった著書である『全村学校―生産教育と地域教育計画』(中教出版、以下『全村学校』)を出版する。その「はしがき」に、「城戸幡太郎先生の御教示におうところが多い」(『全村学校』「はしがき」四頁)とあり、同著は、城戸との深い関わりの中で書かれた。山田も、戦後日本が独立国家として自立するための教育は、「生産復興のための教育でなければならない」と考えていたのである(同前、二頁)。副題にも記されているように、「農村における生産教育を、地域教育計画として位置づけようとした」のが、山田の全村学校であった。山田は、学校教育を含めた「村の教育計画はいかなる課題ととつ組まねばならないか」、「その課題を実践的に解決してゆくにはいかなる教育構造を必要とするか」という問題意識を持っていた。それを、庵原村の全村教育の構造を描くことを通して、明らかにしようとしたのである(同前、三・四頁、傍点・知本)。

山田清人の佐渡講演

山田が佐渡で全村教育に関する講演を行ったのは、一九四八年一〇月のことである。講演会は、「ともだち新聞社」が主催した。同新聞社は、佐渡支庁教学課ならびに郡内各学校長らの支援のもとに、佐渡新報社内につくられた。そして、一九四八年一月二五日、佐渡で初めての教育の新聞『ともだち新聞』を創刊し、子どもや親、教師たちに向けて、さまざまな教育情報を発信した[三]。詳しい経緯は分からないが、山田講演が、佐渡新報社はもちろんのこと、行政や校長会の後押しも受けた企画であったことがうかがえる。

八月には国仲平野の真ん中に位置する金澤村で、九月には羽茂村に隣接する南部の小木町で、それぞれ二日間ずつ開催された。『佐渡新報』は、一〇月一三日付けで紙面一ページを使い特集を組んだ（『佐渡新報』一九四八年一〇月一三日号）。どちらの会場も参加者は一〇〇名余りであり、多くが若い教師であった。山田は、統計に基づいた農村の現状を踏まえ、庵原村を挙げながら全村教育の可能性を論じた。また教育研修所社会科研究室主任の鈴木朝英が、社会科教育の在り方について講義した。

山田講演を報じる『佐渡新報』
（昭和23年10月13日）『佐渡新報』一部抜粋）

山田講演をきき、同紙上に感想を寄せたのが、小木中学校教員の池正治である。池はそれまで、戦後的なヒューマニズムの空気の中で、児童中心の教育に取り組んできた。しかし、児童が「やがて社会形成の中核となるものであることを考えると児童中心の自由教育が果してよいのであろうか」と、悩むようになっていた。そこで注目したのが、コミュニティースクールである。しかし池は、その「雑誌書物に書かれた観念的な発表や浅薄な報告」に飽き足らないもの感じていた。そんな池に、「教育を真剣に考えけう育の効果を上げるにはその児童の生活している地域社会の科学的けう育運営による向上以上の良策はない」のであり、「その地域社会は生産増強という経済的基盤に支えられるものでなければならない」とする山田の全村教育論が強く響いた。そして池は、民選の教育委員会が誕生することを踏まえ、「けう育が民衆の手に委ねられるこの時けう育は唯けう員だけの問題でなくすべてのひと達の問題」であり、「全村学校の構想は全部の人達が今から真剣に研究すべきことがらである」と、主張したのである（池正治「全村教育の問題」『佐渡新報』同前。なお、引用文中の「けう育・けう員」は、「教育・教員」―知本）。

また、小学校教師の吉田友治は、「着飾った新教育の公式が、中央から地方へ流れると、生のまゝ反うされていつの間にか教育は宙に浮いてしまう」と、新教育に対する危機感を抱いていた。そして吉田は、「これを救うものは、地方の実際家達が、その実体を見究めて、その上に教育を打ち建てることなのだ」と、地方の教師が地に足着いた教育を打ち立てる決意を述べている（吉田友治「教育講座を了えて」同前、傍点・知本）。

こうして山田講演は、中央から新教育がもたらされる中で、戦後教育の方向を探しあぐねていた佐渡の若き教師たちに、現状を打開する指針として受け止められたのである。

一九五一年九月に、山田は青森県六郷村、北郡教育総合計画委員会、県教育委員会の主催で、一〇〇〇人の参加者を得、全村教育研究会（二日間）を開催している（山田清人「日本の自立と全村学校の展開」青森県教育委員会事務局編集兼発行『教育月報』第一〇号、一九五二）。山田の『全村学校　生産教育と地域教育計画』発刊後であり、全国的に山田の全村教育が影響力をもち始めていた時期であると思われる。山田は、戦後新教育の地域教育計画や、コア・カリキュラム運動が全国的に展開されていたのとほぼ同じ時期に、佐渡や青森で全村教育の啓発を行っていたことになる。付け加えれば、一九五〇年代以降の地域教育実践に大きな影響を与えた無着成恭の『山びこ学校』も、ほぼ同じ時期の実践である。

さて酒川が、「山田清人氏の講演を聞いて、日本農業の悲観的な立場を思い合せて、農業社会学を繙《ひもと》いてなぜこうした人間（児童のこと―知本）が出来るかにおぼろげながら見当をつけた」（前掲「人間創造」一五頁）と書いているように、酒川も山田講演の会場にいた。酒川は、佐々木健次と連名で発表した、「僻地教育の振興を論ずる」（一九五〇年一一月『新潟県教育月報』）の最後を、こう結んでいる。

僻地教育振興の鍵《かぎ》は、此のあらゆる機関を動員して僻地千古《せんこ》の病弊《びょうへい》を切開し永年の計を実践するコンミュニティースクールの建設にある。此の学校は乳児より老人に到るまでを其の立場々々に随って教育する全村学校であり、之を受持つ教師陣は、教育・文化・厚生・社会・生産あらゆる部面階層を打って一丸とした官民一体の協力性であり、此の事業は人間愛に出発する郷土自主の熱意が国際愛に拡がって行く人生最美の希望探究の過程であらねばならない。

（「僻地教育の振興を論ずる」一五頁、傍点・知本）

山田講演が一九四八年の八月と九月、山田の著書『全村学校』の発刊が一九五〇年九月、そしてこの論文の掲載が、同年の一一月である。この時期宿根木小学校に勤務していた酒川は、「全村学校」の考えにも学びながら、小木琴浦でその理想を追求していたのである。酒川にとって、コミュニティスクールを、戦後日本の農村で実現すべく構想したものこそが全村教育であった。酒川にとって、それを実現する事業は、人生の希望を探究する過程そのものであった。

羽茂村全村教育

一九五二年一一月、全県一斉に民選の市町村教育委員会が発足した。羽茂村では、五人の委員のうち、市町村議員から井桁朔二が、選挙で渡辺芳太郎以下四人が選出された（前掲『百年誌』二四五頁）。教員の任免権が地方教育委員会に与えられたことから、まず村教委は、大幅な教員人事に着手した。一九五三年に、羽茂小学校教頭に後藤正雄が赴任した。翌年には、小・中・高の校長の一斉異動に踏み切り、中学校長に中山秀二が、小学校長に酒川哲保が迎えられた（同前、二四六頁）。酒川の羽茂小学校長招へいは、村民の悲願であった。

こうして村は、かつて文化会会長を務めた井桁を中心とする民選の教育委員会と、酒川校長の羽茂小学校を中心に、全村教育に乗り出した。当時教頭であった後藤正雄が、全村教育発足について、『考える学校』（発行責任者 羽茂小学校長酒川哲保、佐渡郡羽茂小学校編『考える学校』〈非売品〉一九五九、全二二二頁、以下『考える学校』）の中で、次のように述べている。

二、道徳性を育てた歩み　　後藤正雄

一、発　足

佐渡の島の西南隅の岬の基部を扼《やく》して私達の羽茂村がある。日本人が既に島国根性だと言われているのに、小さい佐渡の島の、しかも片隅の狭い農村に育つ児童や生徒が、どのように育ち、どんな社会性や、世界観を持ち、どんな行動をとっているか。そうしてそれがどのような教育を要求するか。私達教育者に与えられた、一つの課題である。

私達はこの地域を背負った教育の課題と、どう対決し、どう解決しようかと、村内五ケ校（小三、中一、高一）が連合し、小中高一貫の教育を計画し、更に幼児及び一般成人をも加えて、全村教育を目ざして出発した。それは昭和二十九年五月であった。

先ず村の教育目標を設定することとなり、村内各般の代表を集め、教育委員会が主宰し、地域の課題と教育の課題とを一本化し、二回の総会と数回の委員会によって、次のように羽茂村教育目標を設定した。

自主的な豊かな人になりましょう。

勤労を尊ぶすぐれた生産人になりましょう。

こうして村作りの教育に踏出し、より正しい教育、より高い教育を目指し、先生も、子どもも、大人も、本腰を入れて勉強し、真剣に考えることになつた。

（前掲『考える学校』六頁、傍点知本）

教育委員会が主導し、全村教育のための会議が開かれたのは、五月一九・二〇日の二日間である。その場で、地域の後進性を踏まえた社会性の育成という、子どもの発達を正面に据えた課題が設定された。そして、それを、小・中・高一貫教育を柱に幼児及び一般成人をも加えた全村教育を通して解決しようとしたのである。教育目標は、地域と教育の課題とをひとつにして、「自主的な豊かな人」と「勤労を尊ぶすぐれた生産人」を育てると定められた。それは、戦前の村立農学校設立から戦後の文化運動にかけて、羽茂村が求め育んできた人間像そのものであった。一九五〇年代半ばに入り、羽茂村は、この目標を、学校と地域及び教育行政三者が一体となった全村教育という村づくりの教育を通し、実現しようとしたのである。

【注】

（一）教育科学研究会は、一九三七（昭和一二）年、教育の事実の科学的な研究を志す教育学者を中心に結成された。会長の城戸幡太郎以下、宗像誠也、宮原誠一、重松鷹泰など、戦後も教育科学運動と戦後民主教育を推進した中心的な人物が中枢をになっていた。会には、生活綴り方をはじめとする教師が集結し、戦時中民間教育運動の最後の拠りどころであったが、翼賛体制のもと一九四一年に解散した。戦後、一九五一年に機関誌『教育』を復刊後の翌年再建し、戦後民主教育の理論的実践的な支柱の一つとなった。教科研は、戦前から全国教育科学研究会で「全村教育の問題」の分科会を置くなど、留岡清男を中心に全村教育に対して強い関心を持ってきた。『教育科学の誕生』（民間教育史料研究会編、大月書店、一九九七）に田嶋一と木村元の研究がある。戦後も、山田清人を中心に、城戸、宮原らが全村教育に関わったが、現在までほとんど明らかにされていない。また、一九五〇年代に入ると、教育科学研究会とは別に、社会教育関係の機関誌などに全村教育の取り組みが全国から報告されるようになるが、これも状況は同じである。

（二）山田は、著書名を「全村学校」とし、他でも「全村学校」の用語を使っているが、山田が目指したものは、内容的に「全村学校」ではなく「全村教育」である（本書「戦後の全村教育」参照のこと）。山田は、戦前天皇制下の農村支配に「全村教育」が深く関わったことへの反省から、「全村教育という言葉を、余り好まない」と、あえて戦前的な空気をまとった「全村教育」を「全村学校」と言い換えたのである（山田清人「新しい全村学校の展開―青森県北津軽郡の胎頭」社会教育研究会編『社会教育』一一月号、一九五一、七頁）。しかしこのことが、戦後の全村教育を考える上で、分かりにくさをもたらしたことも事実である。本書では、山田の「全村教育」については「全村学校」とするが、戦後の「全村教育」全般については「全村教育」と表記する。

（三）一九四八年一月二五日に、「ともだち新聞社」から『ともだち新聞』が発刊された（国会図書館 プランゲ文庫所蔵）。「ともだち新聞社」は、佐渡新報社内につくられた。『佐渡新報』（一九四八年一月一三号）は、「次代を背負った子供達のために佐渡新報社では、支廳教学課ならびに郡内各學校長らの支援のもとに佐渡で初めての子供の新聞『ともだち新聞』を創刊することになった。」と報じている。新聞の編集は全て先生たちによって行われ、三・四年、五・六年、新制中学校と三部に編集されたものが毎週日曜日に発行された。顧問として、佐渡支庁（二人）、中川喜一郎（佐渡高女教諭）、松井誠（弁護士）など七人が、常任委員及び委員として二五人の小中学校教員が就いた。『ともだち新聞』は、子どもと保護者、そして教師に向けて様々な教育情報（綴り方など子どもの作品、行事などの学校情報、子ども向けの学習講座、物語や民話の連載など）を発信した。地方紙である『佐渡新報』が、戦後の地域文化運動だけでなく、地域教育にも啓発的な役割を果たしており、注目される。佐渡の全村教育の講演会は、この「ともだち新聞社」主催であった。

【参考・引用文献】
・三羽光彦　前出『研究集録』（本書三四頁参照）所収「Ⅵ　戦前昭和期における松本学の全村学校論に関する一考察―福岡県農士学校を事例として―」（初出 芦屋大学紀要『芦屋大学論叢』第五八号、二〇一三）、（三羽3、五一頁）（三羽4、六〇頁）
・斎藤喜博「学校づくりの記」『斎藤喜博全集 第11巻』国土社、一九七〇（齋藤、二四四・二四五頁）
・宮原誠一「『島村総合教育計画』のこと」『斎藤喜博全集15－2（第15－2巻）』月報ⅩⅧ、国土社、一九七一（宮原1・2、一頁）

・宮原誠一「全村教育の新旧―教育の社会教育化について」『宮原誠一教育論集』第二巻、国土社、一九七七（宮原3、四九頁）。群馬県佐波郡島村（現境町大字島村）における総合教育計画発足（一九五二）に際しての講演記録。

二　村で立ち上げた内地留学制度

全村教育で、まず村が着手したのは教育条件、中でも教員の体制を整えることであった。当時学校は、人と物が足りない厳しい状況を抱えていた。とりわけ教員は、若い教員が戦死したり、勤労動員で教員としての必要な教養を身に付けていなかったり、正式な免許を持つ教員が少なかったりと、数の上でも質の面でも極めて乏しかった。しかも、戦前中等教育で遅れを取っていた羽茂村は、師範教育を受けた者も少なかった。そこで、村は一計を案じた。戦後の新教育に躊躇《ちゅうちょ》する現職よりも、子どもと活動できる優秀な高卒者を採用することにしたのである（前掲『百年誌』二四七頁）。ちょうど、佐渡高校と地元の羽茂高校から、卒業生が出る時期を迎えていた。

問題は、短期間のうちに、どうやって若い教員に現場に立つ力を付けるかである。教育委員会の藤井信太郎主事は、酒川を役場に招いて相談した。村費の教師に、教職の技能を身に付ける手っ取り早い方法はないかと問う藤井に、酒川は「優れた教師の、優れた学級の現場を見せて、その学級経営に参加し、手伝わせて実習することが一番効率的」であると答えた。さらにそれを、羽茂小に居ながらにしてやれるのが理想なのだから、現職の教師も「同じような方法で研修させようではないか」となった（同前、二四八頁）。こうして、羽茂村が立ち上げた教員研修制度が、内地留学制度である。当時内地留学制度は、県段階でも実施が難しかった。しかし羽茂村が、独自の仕方で導入に踏み切ったのは、発案者が酒川だったからであろう。

村は、予算として二三万円を拠出し、小・中四校（小三校、中一校）に配分した。そして、短期留学生（約一週間）数名、長期留学生（約二ヵ月）六名を選出し（坂口春吉「羽茂村の内地留学」『新潟県教育月報』第六巻第九号、新潟県教育庁学事課、一九五六年四月、一七頁、以下「内地留学」）、長期生に三万円、短期生に五千円補助された（前掲『百年誌』二四八頁）。内地留学制度は、その後四年間継続され、三七名（一ヵ月にして人数を増加した学校もある）の長期留学生と、八名の短期留学生（羽茂小学校分）を出したので、「全国的に有名になり、他町村の教師達の羨《せん》望《ぼう》の的」であった。そして、「羽茂に来たいという教師も多くなり、教育長の人事も好転」するようになったという（同前）。

しかし、内地留学といっても二ヵ月である。それにどれだけの効果があるのかといぶかる向きもあった。しかし酒川らは、「先生方のこどもを見る目が育ち教育そのものがわかれば二ヵ月の留守が大きなプラスに転じてくる」と考えていた。「『ほんとうの仕事』をしているかどうか、どうすれば職員のふんい気をもりあげうるか」を、何よりも大切にしたのである（前掲「内地留学」一七頁）。

ところで、内地留学にとって決定的に大切なことは、どこの学校に派遣するか、である。「羽茂小学校沿革史」（羽茂小学校所蔵）から、同小学校関係の内地留学及び研修を通した交流について見ておこう。長期留学先となった京都市朱雀第六小学校（一九五四年六月・後藤正雄教頭）は、酒川自身と、盟友の小野為三が校長をしていた学校である。同じく京都市西院小学校（一九五六年五月・渡辺繁教諭、一九五七年八月・斎藤正実教諭）は小野為三が、京都市清水小学校（一九五五年六月・小橋哲郎教諭）は、京都市国語教育研究会の仲間であった松本清雄が校長であった。また近江学園（一九五六年八月・佐々木越江教諭）は、糸賀一雄が園長を務めていた。いずれも、酒川が京都時代に深いつながりを持った人物が勤める学校であった。

もう一人、羽茂村の内地留学制度で大きな役割を果たしたのが、当時名古屋大学にいた教育学者の重松鷹泰《しげまつたかやす》（一九〇八—一九九五）である。重松は、戦前教育科学研究会の活動に参加し、戦後初めて社会科の学習指導要領作成に当たった。そして、一九四七年に奈良女子高等師範学校附属小学校の第四代主事になり、翌年から戦前の「合科学習」をベースにした「奈良プラン」を実践した。戦後の民主教育を主導した指導者の一人である。当時奈良女子は、機関誌『学習研究』や研究発表会を通し、全国の実践家とつながっていた。酒川も、読者であった。重松の回想によれば、こうした同志と深くつながるために、一九五〇年二月、まずは指導主事たちの集まりとして如月会をつくった。その中心になったのが、奈良女子の旧職員である白井勇と小野為三らである。その後如月会の参加者は次第に広がり、教育学者の上田薫（一九二〇—現在）の指導も得ながら、学習研究連盟の活動に発展した（重松鷹泰「戦後に於ける奈良女高師付小の実践の位置」初出 重松鷹泰『教育方法論1教育実践』一九七五、明治図書出版。寺﨑昌男・小熊伸一編『日本の教師 一七 校長として、リーダーとして』所収、ぎょうせい、一九九四、一六六頁）。小野はもちろん白井も、戦前から国語人として酒川と親しい関係にあった。酒川が、学習研究連盟に参加したか否かは分からない。しかし、こうした間柄の中で、酒川が重松と出会ったであろうことは、十分に推測できる。酒川が、一九五五年七月に重松と白井を羽茂小学校に招き、四日間に渡り社会と国語の研究会を開いていることも、その証左である（前掲『羽茂小学校沿革史』）。

奈良女子大附属小学校（一九五四年一一月・川村文一教諭）はもちろんのこと、滋賀県八日市市小学校（一九五五年九月・佐々木稔教諭）、兵庫県帝塚山学園（一九五七年八月・渡部陸平教諭）（同前）は、名古屋大学の研究協力校として重松と関わりの深い学校であった。重松が、「全国的に見渡したうえで各人のテーマに関係深い研究をしている先進学校を選びあっ旋」してくれたのである（前掲「内地留学」一七頁）。また、斎藤勝通教諭は名古屋大学に留学しているが、重松は、斎藤の指導教官であった。斎藤は重松から「佐渡には日本一の酒川という校長さんがいるから、二年間そこでしっかり勉強してきてはどうか」（斎藤勝通「日本一の校長さん・酒川哲保先生」前掲『酒川哲保先生を偲んで』三三頁）と言われ、大学卒業後羽茂小学校に赴任したのである。また、一九五六年には、八日市小学校が羽茂小学校に視察に訪れているが（前掲『羽茂小学校沿革誌』羽茂小学校所蔵）、羽茂小学校は、島外の教育先進校に教員を送り出すだけでなく、交流し研修し合う関係をつくっていたのである。

　佐渡の僻村で教育活動に携わる者にとって、この内地留学は得難い体験であった。帝塚山学園に長期留学した渡部陸平教諭は、帝塚山には酒川と深く交流していた教師が多く、研修を終えるに当り、帝塚山の先生方が「『渡部さんは、酒川先生からこれからも毎日直接の指導をいただけるんだから幸せだよ』と言われた」と、回想している（渡部陸平「―内地留学の頃の先生の思い出―師道の訓え」前掲『酒川哲保先生を偲んで』三六・三七頁）。その後渡部は、奈良女子附属の研究会で発表したことが認められ、後年同校の教員として迎えられた（同前）。

　また坂口春吉教諭（一九一〇―不詳、以下坂口）が、一九五五年一月全村教育の先進地であり、山田清人の著書『全村学校』の舞台である静岡県の庵原村に派遣された。留学の目的は、「農協と学校教育の関係を調査研究するため」であった（前掲『百年誌』二四九頁）。羽茂村は全村教育を進めるに当たり、地域産業と学校教育を一体のものとして捉え、モデルとして庵原村に学ぼうとしたのである。しかし坂口は、羽茂村全村が新潟県の教育研究指定地区になったため（これは、後に述べる）、すでに留学していた庵原村から、急遽留学先を切り替えた。坂口は、「東京の文部省、東京大学社会学部《ママ》（文学部社会学教室のこと―知本）、国立教育研究所、品川心理学研究所等を廻って、主として児童研究とその方法を研修」したのである（同前）。その後村は、村独自で指導主事制度を設け、坂口をその任にあてた（同前）。内地留学制度とともに、これもまた全国的に注目すべき施策であった。

羽茂村教育委員会は、戦後民主化の大きな成果である民選の地方教育委員会の発足を機に、内地留学制度という中央から自立した研修制度を立ち上げ、地域教育の充実を支えたのである。地方教育委員会は、戦後日本の教育民主化においてひとつの試金石であった。羽茂村の試みは、教育の地方分権化の特筆すべき実践であったと言えるだろう。

三　学び始めた母親たち

母の会と多様な教育活動

一九四七年四月、羽茂村立羽茂国民学校は羽茂小学校になった。翌年ＰＴＡの設立総会が開かれ、会長には、戦後長く文化会会長を務めた井桁朔二が就いた。同時に学級単位に母の会がつくられ、毎月子どもの躾や学習について話し合いをもち、多数の出席者を得ていたという。そして一九五二年には、同会を母体に、羽茂小学校母の会が結成された（「羽茂小学校ＰＴＡの歩み」前掲『百年誌』四六九頁）。

母の会の活動を中心になって担った氏江満（一九二七—二〇〇八、以下氏江）は、母の会の発足について、こう考えていた。

母の会の歩み　　　　　　　母の会々員　氏江　満

私共大人達、殊に母親達は誰一人として子供を良くしたいと思わないものはありません。然し自分の子供だけを良くしようと云うのではその目的を達する事は出来ません。自分の子供を良くしたかつたら、友達や学級や学校全体、又家庭部落社会が良くなる中で自分の子供も良くなる様に仕向けなければ本当の良い子はできません。そこで子供達を本当に良くするには、我々成人が先ず良くならなければならず、その様な止むに止まれぬ段階にまで行つて、私共PTA母の会々員は成人の教養をつむ為に努力する様になつたのであります。

（前掲『考える学校』二三一頁、以下「母の会の歩み」傍点・知本）

氏江は、我が子にだけ向きがちな母親たちの目を、学級や学校、そして村社会にも開かせた。みんなが良くならなければ我が子も良くならない、と考えていたからである。我が子の成長は大人社会全体の問題であり、先ず大人が変わることが大切であった。こうした思いが、母親たちを学びへと突き動かしていった。

母親たちの活動は、一年を通し多様に行われた。PTAだよりが年六回発行され（二ヵ月に一回)、部落懇談会も年八回開かれた。母の会では、毎月二〇日を授業参観日とし、併せて学級懇談会がもたれた。また、農閑期を中心に、年五回、教養を高めるための母親学級が開かれた。後には、母の会機関誌の発行(一二月)や「幼・小・中・高母の会研修会」が行われ、青年団との討論会(八月)ももたれた(「PTA・母の会の機構と活動」前掲『考える学校』二三〇頁)。目が回るような活動量である。

部落懇談会は、今まで学校の先生と話したことがなかった祖父母にとって、直接「孫の家庭での様子をあれこれ話し、その場に応じた適切な指導の仕方等わかり易く話して貰えるので」大変喜ばれた。農村部の羽茂村は、孫の面倒をみる祖父母が多かった。祖父母が、経験にだけ頼らない子育ての方法を身に付けることは、親にとっても切実な願いであった。またそれまでは、母の会に出かける「嫁」を渋い顔で見ていた舅と姑が、部落懇談会に出てからは、「どんなに忙しくても〝暫くでも良いから話を聞いてこい〟等と反対にせき立てる様になつた」という、うれしい状況も生まれていた(前掲「母の会の歩み」二三三・二三四頁)。

教師との関係でも、変化が現れていた。子供を良くしたい一心で、教師と母親が車座になってはじまった話し合いは、いつしか「子供のことは忘れて互いに一人の人間としての話し合い」になっていった(同前)。こうして教師は、村の中で認知されていったのである。

働く母親の楽しみは、母親学級であった。母親たちは、普段生活に追われて触れることの少ない時事問題や西鶴や近松の作品に現れた女性像をモチーフにした文学、村に根付いていた短歌や俳句の創作まで、多様な学びを追求した。また、羽茂小学校発行の児童文集『やまびこ』の見方について学び、生活綴方を通して子どもを見る目を養おうとした（同前）。こうして学び始めた母親たちの最も大きなよりどころになったのが、母の会読書会である。

母の会読書会の誕生

羽茂小学校母の会で読書会が始まったのは、一九五四年九月である。きっかけは、子育ての悩みであった。氏江の姉であり、読書会の中心になる風間光江（一九二三―二〇一六、以下風間）は、小学二年生の娘が、男の子がこわいと登校を渋りだした理由を探るうちに、問題をかかえた男子を中心に、学級全体が落ち着かない状況にあることを知った。そこで、学級の母の会で話し合ってみた。すると、母親がそれぞれに悩みを抱えており、一人の問題として考え悩んでいても解決しないということに気が付いたのである（風間光江「母の会研修会　第一回を振り返って」佐渡郡羽茂小中学校母の会編集兼発行『特集 母の会研修会 第一〇号』一九六六年三月一五日、一〇頁、羽茂小学校所蔵、以下「母の会研修会　第一回を振り返って」）。その後話し合った末に、母親たちは「家庭の躾をはじめ生活指導が一番大切なのではなかろうか」と考えるに至る。そして、「子供に一番接する母親自身が勉強しなくては、と皆で相談し」、酒川校長と坂口教諭にお願いしてできたのが、読書会であった（帯刀菊乃　風間光江「読書会のあゆみ」佐渡郡羽茂村 はもちは、のどくしょ会編集兼発行『は、のきろく』第一号、一九五七年七月、四頁、羽茂小学校所蔵、以下「読書会のあゆみ」傍点・知本）。

読書会は、月一回程度行われた。児童心理学に関する『親子関係』や『心の健康』といったテキストを参加者が輪読をし、坂口が解説をした。個別の問題については質問や話し合いがもたれ、羽茂小学校の教師がアドバイスした。そして最後に、子供を育てるための手だてが個別に検討された（前掲「読書会のあゆみ」四頁）。

坂口は、母親たちが「『うちの子はどうもだめだ』と感じた時、それを自分の子一人の問題にとゞめないで、学級の共通の問題として考えていった」こと。そして「こんなとき多くそうなりがちな先生や学校の非難というかたちばかりをとらないで、自分たち母の在り方の問題として、考えていった」ことを高く評価した。また、読書会をつくり、自分たちが子育ての当事者として学び合う場をつくることを通し解決しようとする「そのとりくみ方に感心」していた（坂口春吉「読書会の仲間になって」前掲『は、のきろく』三六・三七頁）。こうした母親の活動を支えたのが、指導主事として村に常駐していた坂口と、酒川校長をはじめとする羽茂小学校の教師たちである。風間らは、読書会など母の会の活動に対する学校と村の教育行政に、強い信頼を寄せていた。

読書会のあゆみ　　　　帯刀菊乃　風間光江

当時は村殆んどが児童の心理状態に対する研究はされて居らず、新教育を本当に理解している者は少なかったのです。其の後母親教育を第一にされ、県の主事が常駐してくれ、先生方が夜もいとわず、各所を廻ってお話し下さいました。その度を重ねる毎に、封建的な因襲や読み書き一点ばりの古い教育の強制から皆が抜け出して来たのです。

この各先生方は、内地留学に行かれ、技術を高め、又日本でも権威ある大学の先生方より指導を受けられ教育技術をみがかれ、親達は、定例総会、読書会毎にそれ〲の先生方より子供を見る目を育てて頂いたおかげで、先生方全般にも教育熱が出、父兄一般にもそれに応じられる丈の力を身につけさせて貰い、従って、困り果てた問題児の数もぐん〲少なくなり、子供達も本当に明るく朗らかになって来ました。

（前掲『は丶のきろく』四・五頁、傍点・知本）

ここには、戦後の新教育が、どのような道筋をとり、どのように村に根付いていったのかが語られている。きっかけは、子育ての悩みであった。それを、母親も学校も地域も共有した。そして、先進的な教育行政のもと、内地留学で力を付けて帰ってきた教師が、母親たちが立ち上げた読書会や懇談会で膝をつき合わせて指導した。その結果、母親自身が、古い教育の強制から抜け出すことができたという確信を得た。そして、そのことが、教師の意欲を高め、子どもたちの変容を促していったのである。行政が支え、学校と家庭・地域が一体となって取り組んだ戦後地域教育の姿が、ここにある。

学ぶ母親たちの喜びと悩み

読書会での母親たちの学びは、機関誌の発行へと高まっていった。一九五七年に「はもちは、の会どくしょ会」から『は、のきろく』が発刊され、以後名称を変えながら五号まで続いた（羽茂小学校所蔵）(一)。創刊号の「発刊について」を見ると、母の会読書会が、どのような思いを持ちながら学びの場をつくり出そうとしていたのか、が分かる。

発刊について

羽茂小学校読書会

私達は文集を生活の記録とし、日常の生活を注意深く見たり考えたりして行きたいと思います。又会合には文集の中から問題を拾い皆で考え話し合って解決し、他人の意見を知ることから各人の反省を促し向上して行きたいと思うのです。家庭の都合で学校へも出席出来ない気の毒な立場の方達にも文集によってお互いの気持ちを伝えてあげられたらと考えています。そして、この文集を通してお互いに理解し合い、教養を高めて行きたいと願って居ります。

（前掲『は、のきろく』一頁）

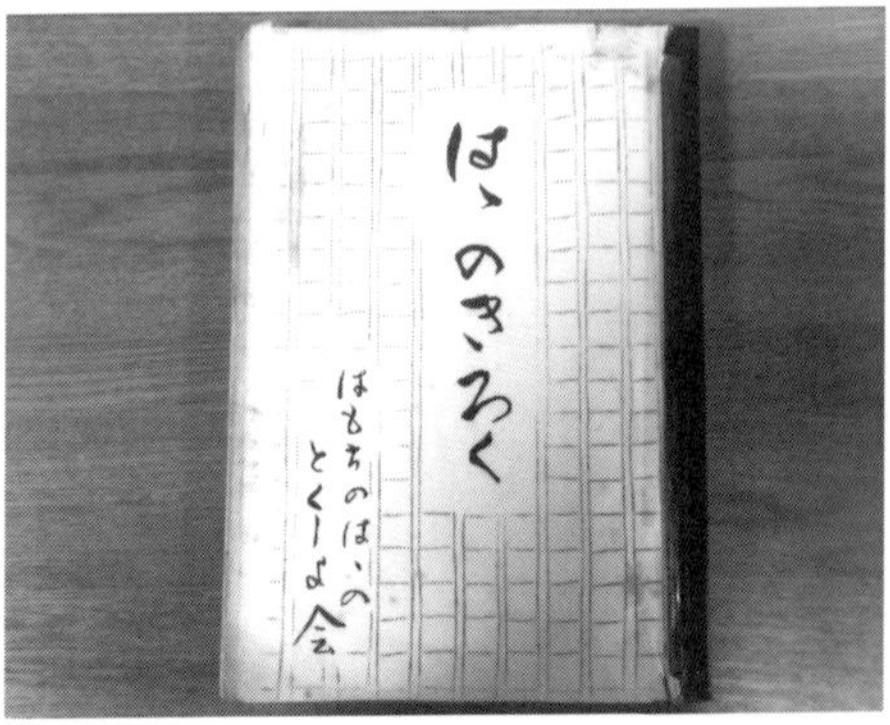

『はゝのきろく』（羽茂小学校所蔵）

母親たちにとって「文集」は、他人の意見に学びながら自分の考えを鍛え、生活を見つめる場であった。それは同時に、読書会に出られない母親と気持ちを通い合わせ、共に学ぶことを意図していた。一九五〇年代には、こうした生活記録の運動が、職場や地域などさまざまな場所で展開されていた。誌面の構成にも、会のねらいがよく現れている。「文集」は、子育てをめぐる母親たちのさまざまな思いを綴った三三の「事例集」で構成されていた。「素直にきかない」「腹の立て損」「不満とおねしょう」など子育てについての悩みが八編。子育てを通した教育随想が一二編。「子どもの読書について」「予算生活のさせ方について」「作文が好きでない子」など子育てに関する助言が一二編などである。酒川と坂口の文章も、母親と対等に事例集の中に収められていた。

しかし、村の中で、読書会の活動がすんなりと受け入れられていたわけではない。読書会は、三つの悩みを抱えていた。

まず、入会に対する心の壁である。子育てに悩み、読書会への入会を勧められていたある母親は、「私の様な無学な者が」と入会をためらっていた。母親たちの中には、「『読書会とは学問の優れた教養の高いお母様方の集まる会だ』とか、『読書会には衣装のない人は行かれないところだ』」とか、と噂する人もいたからである。しかし、思い切って参加してみると、噂とは反対に「読書会とは誰にでも親しめる気楽な和やかな会」であることが分かった。そして読書会は、「教養の高い事等少しも誇らず富も虚栄も考えず、会員一同が一つ心になって、心理的な教育の研究に懸命な会」であったことを知るのである（「私の体験から」前掲『は丶のきろく』六頁）。リーダーの母親たちは、「派手な着物は避けようとか、読めない人には予め手ほどきをするとか、それを恥じない雰囲気を造るとか、女らしい細かい心配を重ねた」のである（前掲『百年誌』二五七頁）。狭い村社会の、さまざまなしがらみの中に生きる母親を、学びの場に迎え入れるための配慮であり、そうした配慮のできることが、村の母親リーダーに求められる資質でもあった。

次に、投稿者の匿名性《とくめい》の問題である。子育ての悩みついて事例を通して学び合うことを大切にしていた読書会にとって、村社会の中で、プライバシーにかかわることをどこまで公にできるか、は大きな問題であった。読書会の場ではもちろんのこと、機関誌上に実名で投稿し、わが子の子育てにかかわる悩みを披瀝《ひれき》することは、わが子は言うまでもなく、家族や親族の間でも問題になっていた。創刊号の『は丶のきろく』をみると、全三四編中イニシャル二編、屋号二編、名字一六編、無署名一四編であり、発刊当初から読書会内部でさまざまな配慮がなされていたことが分かる。『ふぼのきろく』（一九六一年発刊）では、三三編中二〇編が匿名又は仮称であり、中でも「子等に思う」は、一八編中一二編がそうである。匿名性は、読書会や母の会の本質にかかわる問題であった。こうした状況に危機感を抱いていた教師の佐々木越江は、「どなたか具体的な、なまの問題を出してくださる人があると、話し合いが急に生き生きとしてきます」（佐々木越江「ある母の話から」羽茂小学校母の会編発行『父母のきろく』一九五九年一二月、四頁）と呼びかけている。生の問題が出されるかどうかは、会の本質に関わることであり、二年を経て会は大きな問題に直面していた。

最後は、母親が文章を書くということの意味である。氏江は、「書くことの苦しみ」と題した第五号の巻頭言で、「今の私達はまだ書くことが苦しい段階のよう」だが、「このように書いたり読んだり出来る場があるということは、私達が伸び、ひいてはそれがいつかどこかで、大事な子供達の成長にも役立つことにもなるのだ」と、苦しみながらも書き続けることの意味を訴えた（羽茂小学校母の会編発行『ふぼのきろく』五号、一九六三年二月、一頁）。

氏江にとって「文集」は、「自らを反省した赤裸々な記録」であり、「つぶやきにも似たささやかな文章の集まり」でもあった。そして「皆の前に自分を投げだし、問いかけ、又、人の意見も聞けるこのような文集をもつこと」は、意義の深いことであった（同前）。日々の労働と生活の中で、母親が、本を読み、読書会で話し合い、文集に思いを綴ることは、容易なことではなかったはずである。しかし羽茂村の母の会は、氏江たちリーダーが、書くことに苦しみながら共に成長していこうと呼びかける段階まで来ていたことを、この一文は物語っている。

「読書会のあゆみ」は、「子供と共に進む母親でありたいと、いつも考えております」と結ばれている（前掲『は、のきろく』五頁）。読書会と「文集」は母親をつなぎ、子供と共に歩む母親を育てる共同思考の場であった。そして、そこで獲得された子育てについての考え方や問題の解決の仕方は村全体にも広がり、村づくりを担う主体を育てる上で大きな役割を果たしていったのである。主体的に学び合う場を通して人を育てるという、地域と教育のあり方である。そうした意味で、読書会の活動は、この時期酒川が主導した羽茂村全村教育の核になる教育活動であった。

【注】

（一）「はもちはゝの会どくしょ会」の名称で発刊されたのは創刊号のみであり、二号以降は「羽茂小学校母の会」である。しかし、読書会と母の会はメンバーも活動も重なっており、第二号以降は、母の会から、読書会と母の会の機関誌を兼ねて発刊されたと考えられる。また、ＰＴＡ活動の会誌的な役割も期待されるようになっていた。機関誌の名称も、第二号は『父母のきろく』、三〜五号はひらがなで『ふぼのきろく』である。創刊号以降の発行年次は、第二号が二年後の三四年一二月、第三号はこれも二年後の三六年二月、第四号が三七年二月、第五号が三八年二月である。二年に一回から通年に変わっているが、その間の事情は分からない。主に事例中心に母親や教師の文章や作品で構成されていたが、徐々に父親の文章も載せられるようになる。全号、三九頁から五四頁である。本書では、当時の読書会の活動ぶりが読み取れる創刊号を中心に記述した。

四　読書会から幼・小・中・高母の会研修会へ

この母の会読書会から生まれたのが、羽茂村の幼稚園、小学校、中学校、高等学校が連携した幼・小・中・高母の会研修会（以下「母の会研修会」。但し「幼」の参加は第三回から）である。一九五九（昭和三四）年のことであった。読書会発足から五年後である。主導的な役割を果たした風間は、読書会の活動を通し「母親丈ではだめだ」と感じていた。「家族全体、町全体、大きくは社会全体そして小・中・高と学校全体も一丸となり人間形成への目標が一つでなければ子供も親も迷って了う事に気がついた」からである。そこで読書会で話し合い、「小・中・高と合同母の会の総会をひらいてはと話が落ちつき三校連合の研修会」となったのである（前掲「母の会研修会　第一回を振り返って」一〇頁、傍点・知本）。村では、戦前設立した農学校が、戦後普通科を併設する県立高校になっていた。村で、小・中・高が連携し、一貫した教育活動を展開する条件が整っていたのである。一九五九年が第一回であり、機関誌は、一九八八（同六三）年発行の『母の会研修記録』第三〇号まで残されている。同研修会は、少なくとも三〇回継続して行われたことが確認できる（一一）。

　母の会研修会の主な活動は、年一回開催された研修会である。会発足一〇周年に当たりまとめられた「『幼小中高連携母の会研修会』十年の足どり」（『特集 母の会研修会 第一〇号』佐渡郡羽茂小中学校母の会、一九六八年三月一五日、一二・一三頁）から、活動を振り返ってみよう。開催時期は、農閑期の二月に定例化されていた。会場は、羽茂小中の持ち回りであり、どちらかの母の会が主体になって運営した。担当の年に当たる役員は大変であったが、それがまた母親たちを地域教育運動の主人公として鍛えた。例年二〇〇名から二五〇名が参加した。第一回は、「小中学校母の会連携話し合いの会」として出発し、まずは小中母の会の連携を図ることを大切にした。そして、そこに中高の教員が参加するかたちをとった。村には高校があり、小中学生の母親が普通に村の高校生の母親でもあった。

研修会は授業参観・分科会・講演会で構成され、一日の日程で行われた。中心は分科会であった。あえて全体テーマを設けず、「自主学習」「躾」「家庭内の人間関係」という三つの分科会を設け、話し合いから入っていった。「一人でなやみ心配している事を互いに話し合おう」という趣旨であった。読書会のように、身近な子育ての悩みについて共に考える場づくりから出発したのである。第一回以来、毎年話し合い中心の分科会形式で行われ、同研修会一番の特徴になった。

第三回からは、子育ての出発点である保育所が参加し、「幼小中高連携話し合いの会」となった。こうして、幼から高まで子育てと教育について話し合う場がつくられたのである。また第四回には、学区の大滝小学校と小村小学校のPTAが加わり、学区の学校はすべて研修会に参加した。その後、「わかさぎ会」(第八回)、「羽茂町婦人会・羽茂町婦人学級」(第九回)、「羽茂町長生会」(第一〇回)が加わった。こうして父親、婦人、老人が参加することで、研修会は全町的な(一九六一年四月より町制施行)子育ての話し合いと研修の場へと発展していった。とりわけ婦人会と老人会の参加は、若い母親が外で学ぶ条件を拡大し、家庭の中で子育ての話題を共有するベースにもなった。

さらに、第五回には、「幼小中高を一貫した人間づくりはどうあったらよいか」という、共通テーマが設定された。以後、幼から高まで一貫した子育ての在り方を追究する明確な問題意識が共有された。また第四回までは、「道徳教育」や「科学技術教育」の分科会が設けられ、時代的な背景が色濃く見られる。

それでは、母の会研修会は、実際にどのように行われたのだろうか。現存する研修誌ではもっとも早い研修会報告書である一九六四（同三九）年の第六回大会の報告（羽茂小中学校母の会『特集 母の会研修会 第六号』一九六四年三月一五日。第二部扉写真参照）から見ておこう。研修会の全体目標は、「幼、小、中、高一貫した人間づくりを目指して、幸せを築くために、母親はどうしたらよいか」であった。午前九時から午後四時まで、分科会と講演会の二本立てで行われた。分科会は、午前中二時間三〇分、昼食をはさみ午後一時間二〇分の三時間五〇分で組まれ、じっくり話し合う時間が確保されていた。また分科会には、二つの部会が設定された。第一部会は、「それぞれ違った家族関係の中で、幸せをきずくために、母親はどのようにしたらよいか」というテーマのもと、二つの分散会に分かれて話し合いが行われた。そのうち第一分散会には、三五名が参加した。まず若い母親とベテランの母親双方から、「兄弟の性格の違い」「お金の与え方」「親同士のかかわりの問題」などについて、六つの具体的な話題が提供された。そしてそれを入り口に、「子どもの叱り方」「落ち着きのない子どもの指導」「予算生活の立て方」「テレビの問題」などにかかわり三六の意見が出された。また、第二分散会には三七名が参加した。

ここでも、まず孫に対する祖父母の関わり方について、具体的な事例が出された。そして、「老人と子どもの教育」「老人が子どもに物を買い与えること」「嫁に出す子どもとしてのしつけ」などについて、二八の意見が出された。母親から出された生の事例から出発し、子育ての悩みについて話し合うという会の原則は、ここにも貫かれている。

また、各分科会の司会には、長原隆一、金子幸良、渡辺博、蛇ノ目孝至、氏江満など、村の中堅リーダーや母の会の幹部が当たった。戦前農学校や女学校を卒業し、戦後の文化運動で育った青年層が、一九五〇年代末には親の世代となり、羽茂村の地域教育をリードしていたのである。

母の会読書会から母の会研修会まで、一貫して活動を支えてきた坂口（当時酒川の後を継いで羽茂小学校長）と酒川は、深い感慨を持って母の会研修会の一〇周年を迎えていた。坂口は、「深めようとすることと、広めようとすることの努力と相まって物事を関連的にみ、総合的にみる態度が出来てきた」母親たちの成長した姿を、喜びを持って見つめていた。そして、「子どものことを発達段階的にみることは多くあるが、此の会のように幼より高にいたるまでたてに通して、しかも社会全般と関連をもちつゝみていこうとする態度はめずらしいのではなかろうか」と、母の会研修会が持つ地域教育運動としての価値を指摘している（羽茂小学校長 坂口春吉「特集 十年の歩みを顧みる 十年あれこれ」前掲『母の会研修会 第一〇号』九頁、傍点・知本）。また酒川も、全村的な取り組みに発展した母の会研修会が、幼から老までの「全人全地域の研究会というところに及んだ」ことを高く評価した（酒川哲保「特集 十年の歩みを顧みる 十年のあゆみ」前掲『母の会研修会 第一〇号』七頁、傍点・知本）。

しかし同時に、酒川は「初期の狙いの鋭角性を失わぬことが非常に大きな問題となって来た」（同前）と、会の在り方について指摘している。酒川が言う「初期の狙い」とは、研修会を、読書会のように、参加者が子育ての悩みをもち寄り率直に考えを出し合い、共に成長し合う場にしたい、ということであろう。一〇年間で、会の規模が年々大きくなる中で、酒川は、こうした会の本質が形骸化《けいがいか》されていくことを危惧《きぐ》していた。

「母の会研修誌」を見ると、一九七八（同五三）年の二〇号までは、三から四の分科会と講演会の構成であったが、以後は、講演会とアンケート調査の報告及び全体会という構成が中心となる。それは、母の会研修会が、啓発的な会へと変質していったことを意味している。母の会研修会が大切にしてきた話し合いの場が、維持できなくなったのである。酒川の危惧は、現実のものとなっていく。しかしながら、三〇年間、一つの地区で、母親たちが主体となり、子どもを真ん中に置きながら、幼から高まで含めた子育てと教育をめぐる研修会が積み上げられ、機関誌が発行され続けたことの意味は大きい。その継続を支えたものこそ、一九五〇年代末に羽茂村で展開された地域に根ざした教育の力であったと言えよう。

【注】

（一）現在、羽茂小学校及び南佐渡中学校には、一九六四（昭和三九）年三月発行の『特集　母の会研修会』六号（第二部扉参照）から、一九八八（同六三）年発行の『母の会研修記録』第三〇号まで保存されている。第一回の「母の会研修会」が行われたのは一九五九（同三四）年の二月であり、それから五年後のことである。「『幼小中高連携　母の会研修会』十年の足どり」（前掲『母の会研修会 第一〇号』一二頁）には、第四回の「振り返り」で、「研修会の『研究誌』を発行（研修会記録の誕生）」とあるが、所在は不明である。しかし、これが当該の研修会誌だとすれば、一九六四年三月号は第四号となり号数が合わない。そこで、羽茂小学校母の会から発刊された『ふぼのきろく』第五号の発刊が、一九六三（同三八）年二月だという事実に着目したい。『ふぼのきろく』から継続で号数が設定されたと考えれば、この号数の矛盾は解決される。表題そのものに「特集」と明記していることにも意味がある。「特集」という表記は、第一五集まで冠されている。母の会研修会が生まれた経緯からしても、発行母体が母の会であることからしても、その可能性は高いと考える。全号活字印刷で、一四頁〜五七頁と頁数の幅はあるが、平均すると三六頁で刊行された。頁数が多いのは、忠実に分科会の発言記録が収録されているからである。『母の会研修誌』は、活字を通し、参加した人もそうできなかった人も、お互いの発言を繰り返し読んで、子育てについて考える、学び合いの場としての役割を果たしていた。

五　全村挙げた研究地区指定と『考える学校』

重松鷹泰とRR方式

一九五五（昭和三〇）年四月、羽茂村は、新潟県教育員会から、新潟県指定学校教育研究地区の指定を受けた。羽茂村が全村教育を目指して出発した一年後のことである。村内の小中高五校ばかりでなく、地区全体（全村）を対象にした二年間の研究であった。村は予算を付け、研究を支えた（前掲『百年誌』二七七・二七八頁）。

全村教育を進めていた羽茂村にとって、県の研究地区指定は予期せぬ事態であった。村には、この二つをどう一体化させて取り組むのか、が問われていた。幸い、県の指定は「社会的行動」についての研究であった。羽茂村は、この研究地区指定を、全村挙げた子どもの社会的意識の形成に資するべく取り組むことにした。村にとっても、地域の後進性を背負った子どもたちの社会意識をどう捉え、どう変えていくかは大きなテーマだったのである。そのため村は、急きょ坂口を、内地留学先である全村教育先進地の庵原村から東京に向かわせ、児童心理学の研さんを積ませた。村ではすでに、内地留学で教師を育て、母親たちは、読書会で子育てについて学び始めていたが、研究面でも、全村的な取り組みが始まったのである。

研究主題を、「児童生徒の社会的行動の実態を、どう捉え、いかに指導するか」とした。そして、議論百出の後、「児童生徒の社会的行動」とは、「児童生徒が、その社会との関係を正しいものにしようとするような行動であり、部分的なものではなく、全人的な行動である」と定義した。そして、個を地域の自然的特質・家庭環境・社会情勢・経済事情・風俗習慣・文化的状況などの有機的連関の中で、成長する人格として全人的に捉えることを確認した。そのために、「動的観察記録と全職員による解釈」「ソシオグラムによる交友関係調査」「日記作文による内面把握」「偏見を捉える調査や転成願望法」など、多角的で多様な個の把握が試みられた（羽茂小学校教頭 後藤正雄「二、道徳性を育てた歩み」前掲『考える学校』七〜一〇頁）。

しかし酒川らは、満足していなかった。調査によって、村の児童生徒の社会性はある程度把握できる。しかし、子どもや青年は、実際にどのような考えで行動しているのか、それは他の地方と比べてどのような特徴をもっているのか捉えられない、と考えていたのである。そこで着目したのが、当時名古屋大学で重松と上田を中心に取り組まれていたRR方式の研究である。酒川は、さっそく名古屋大学に出向いた。そして、重松らの全面的な指導と支援を得ることになった（前掲『百年誌』二八七頁）。「RR方式」（「相対主義的関係追求方式」）とは、「個人の現にあるものを動くものとして、種々の変化、発展の方向を含むものとしてとらえ、それを一般化しよう」とする考え方である。人の考え方の特徴も「事柄と事柄の関係づけ方、判断と判断のつなぎ方」にあり、そうした関係性やつなぎ方を、子どもを豊かに捉えるための手がかりにしようというのである。（重松鷹泰　上田薫編著『ＲＲ方式』黎明書房、一九六五、一〇・一一頁、以下『ＲＲ方式』）。こうして酒川たちは、子どもを、全人格の中で力動的かつ総合的に捉え、それを発達段階に位置付けることで指導の方向を見出そうとした。重松は、研究会の指導のために、名古屋大学の上田薫（一九二〇―現在、教育学者、二回来村）や木原健太郎（一九二一―現在、社会学者、一回来村）とともに、三度来村している。一九五七（同三二）年七月五・六日に行われた研究地区発表会には、島内外から三〇〇名余りが参加した。

ＲＲ方式の全国調査では、一九五三年実施の「大根運びの調査」には京都市朱雀第六小学校、滋賀県八日市小学校、奈良市奈良女子大学文学部附属小学校、神奈川県足柄上郡福沢小学校が、一九五四年実施の「あんかすの調査」には、福沢小学校を除いた三校に加え、静岡県庵原小中学校が参加している（前掲『ＲＲ方式』二一及び二七頁）。朱雀第六小は、盟友である小野為三が戦後京都を代表する新教育「朱桜プラン」を展開した学校である。奈良女子大学付属は、重松が勤めていた学校であり、福沢小と八日市小は、戦後重松が指導した学校である。福沢小もそうであるが、庵原小中は、戦後全村教育に関わりが深い。一九五〇年代半ばから末にかけた戦後羽茂村の全村教育は、重松や上田らの指導を受けながら、戦前から一九五〇年代にかけた代表的な教育実践校とともに展開されていたのである。

『考える学校』

一九五八（昭和三三）年四月、文部省により特設道徳が教育現場に導入された。前年から勤評闘争が全国的に展開されており、戦後教育は大きな転機を迎えていた。教育の「逆コース」である。一九五七年一一月、日本教育学会教育政策委員会は、「道徳教育に関する問題点（草案）」を発表した。そこには、道徳は「教育全体の究極の到達点」であり、「本来各教科指導、生活指導を通して培われるもの」である。にもかかわらず、教育現場に道徳的価値が持ち込まれることで、徳目に従って教育における成果を予め想定し、結果教育課程全体を拘束することにならないか、という強い懸念が表明されていた（中野光／藤田昌士編・著『史料　道徳教育』総合労働研究所、二一三・二一四頁）。

さて羽茂小学校は、二年後の一九五九年一二月、酒川を発行責任者に『考える学校』（全二三八頁、非売品、羽茂小学校所蔵）という実践記録集を発刊した。そこには、一九五五年の地区研究指定から四年間にわたる、道徳教育を含めた児童の社会性育成を目指した研究の成果が

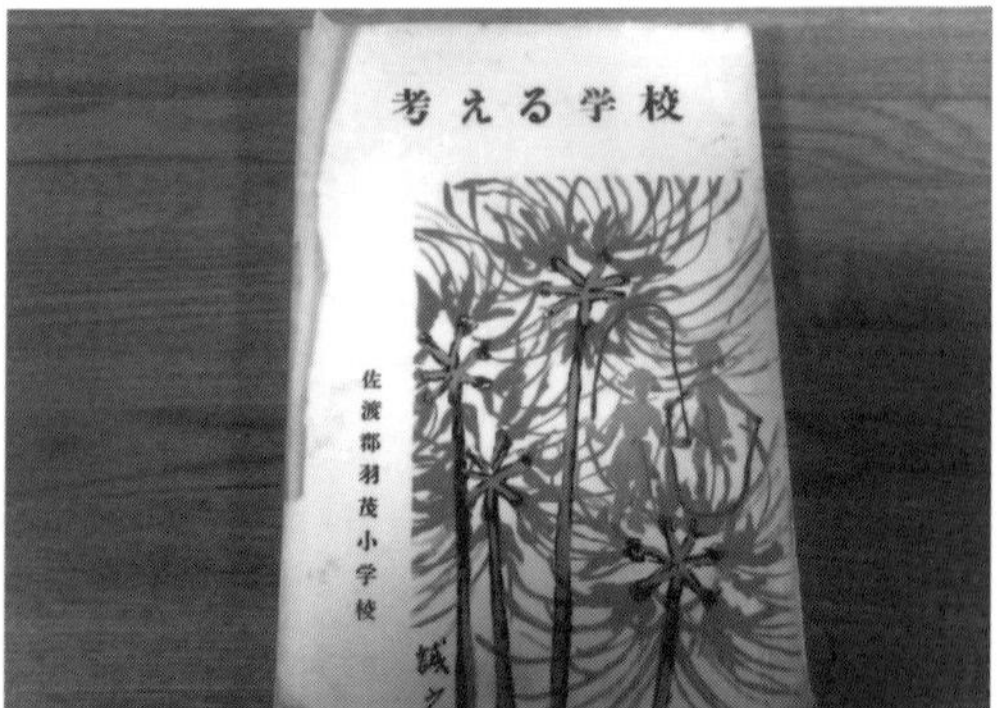

『考える学校』（羽茂小学校所蔵）

収められている。酒川が記した「学校経営と道徳教育」を中心に、羽茂小学校が、この特設道徳にどう対したのかを追ってみよう。

酒川は、特設道徳の時間で、子どもたちの道徳性を「深化し内面化するように」と言われているが、それは「不完全な指導を補充して完全にする」というように考えられやすく、「徳目主義の弊に陥りそうでならぬ」と、その危惧《きぐ》を表明していた（「はしがき」『考える学校』傍点・知本）。そして、「今まで生活指導でやっていたことの上に徳目主義に陥るような、冷たい水を注ぎたくない。新教育は甘いというが、この天国にも修行がある。苦行もある」（同前、傍点・知本）と、強い言葉で特設道徳の導入を批判したのである。

子どもたち一人一人を全面的に捉え、地域全体で育てようとしていた酒川たち羽茂小学校にとって、特設道徳は、徳目主義の「冷たい水」であった。そもそも酒川は、教科も教科外の活動もすべて、「その各々の目標を達成すること自体が道徳教育そのものだと極論してもよいくらい」だと考えていた（「学校経営と道徳」『考える学校』三頁）。例えば、子どもが自主的に深く考えながら学習する場合、「その教科を深く追究する意欲や習慣や、友達と助け合いながら学習を深める友情や（中略）、学習に対し誤った行動をとる友達をどうして正しくさせようかと苦心する」ことを、日々積み重ねられる道徳的実践だと捉えた。しかも、こうした道徳性を身に付けることで、教え込む教育よりも、はるかに深い学習効果を得ることに確信を持っていた（同前）。

では実際に、酒川ら羽茂小学校の教師たちは、この特設道徳の時間にどう向き合ったのだろうか。それは、試行錯誤の過程であった。幼学年では発達段階を考慮し、できるだけ小分けにして回数を多くもった。高学年では、より大きな教育的効果をねらい、時間に機動性を持たせ、切実な現実の生活場面と関わらせて設定した。また年間計画を、今まで実施してきた「社会科道徳」をベースに、時事的な教材や季節などを盛り込んで策定した。しかしそれでも、価値の押し付けや表面的な理解に流れることを懸念した（同前、一頁）。

酒川にとって特設道徳の時間は、これまでの羽茂村の教育の行き方からすれば、とうてい容認できることではなかった。それは、戦前の修身教育の復活といった政治的な意味合い以上に、地域での子育ての本質に関わることであった。しかしたとえそうであっても、特設道徳の時間への対応は、待ったなしである。酒川たちが取り組んで来た、生活現実と関わらせた時間の組み替えや重点化は、何よりも授業を大切にしてきた酒川たちにとって、避けて通れない対処であった。酒川らは、反対だからと言って一時間をやり過ごすことはしなかった。その意味で酒川は、教育の現実に向き合い、特設道徳の一時間に責任を取ろうとする徹底したリアリストであった。

また酒川は、道徳教育について「系統性ということを耳にしたり、理想的人間像を目指すべきだと聞いたりするが、何がそれかを具体的に捉えることが困難である」と考えていた。そして、「この子は、この学級は、この学校は、今まで何処を歩いて来たから、今何をして、これからどちらへ行くべきか。まあこの程度のところを確かに捉え、それから又行くとしよう」（同前、二頁）と構えていた。酒川が求めていたのは、理想的な人間像を目指す行き方ではなく、目の前の子どもを確かに捉え、その歩く方向を共に考えようとする行き方であった。酒川は、「もう一息で、確かな道徳実践として、強く子どもたちの人間形成の根底に食い入って、確かな将来を約束するような力になる可能性がありそうに思われる」（同前、三頁）と、その確信を披瀝《ひれき》している。酒川らが目指していたのは、徳目で彩られた理想的な子どもに近づくための道徳教育ではなく、村の子どもの将来につながる人間形成に食い入るような道徳教育であった。

六　羽茂村における「記録の時代」

一九五〇年代は、「『記録』の時代」（鳥羽、二〇一〇）と言われる。知識人ではない民衆が、生活を書くことで自分を表現し始めたのである。一九五五年から一九五九年にかけて、羽茂村でもさまざまな会誌や機関誌が発刊された。ひとつは、地域の諸団体が発行したものである。『おけら』第二集（羽茂村青年団）、『島』第一集（「島の会」）、『はゝのきろく』（「はもちは、の会読書会」）が、それぞれ発刊された。もうひとつは、学校が発刊した生徒会誌と文集である。羽茂中学校の生徒会誌『若鮎』、羽茂小学校の児童文集『やまびこ』、羽茂中学校から句歌集『羽茂万葉』が、それぞれ創刊された。ここでは、『おけら』と『やまびこ』、そして『羽茂万葉』をとりあげてみよう。

青年団誌『おけら』

一九五五年二月、羽茂村の青年団誌『おけら』第二号（羽茂村青年協議会発刊、羽茂公民館所蔵以下『おけら』）が発刊された。「編集後記」に、「本号は第一号の文芸専門詩《ママ》（「誌」の誤植―知本。所在は不明）の形を変へまして、会報を兼ねる事にしました」とあり、再刊の第二号である。全六〇頁中、「論説一〇本」（五～一九頁）、「随筆九本、小説一本、評論二本、浪曲一本、短歌一〇作品、詩八作品、俳句九作品」（二〇～五〇頁）、「活動報告」（五一～六〇頁）であり、文芸作品が五割を占める文芸色の濃い誌面構成をとっていた。こうした傾向は、他の会誌にも見られる。羽茂中学校の生徒会誌『若鮎』の創刊号（佐渡市立南佐渡中学校所蔵）は、全六七頁中三五頁が作文（二一編）・創作（二編）・自由詩・短歌・俳句そして自由研究（二本）であり、これもまた文芸色が濃い。発刊や再刊にあたっては、味噌会社や地元商店から資金援助を受けており（『おけら』「編集後記」他）、農学校の設立同様、一九五〇年代の文化活動でも、味噌工場など地元の支援が支えであった。

『おけら』二号は、当時の青年団の意欲的な活動ぶりを伝えている。羽茂農学校の同窓会名簿（新潟県立羽茂高等学校同窓会発行『同窓会名簿』二〇一三）を見ると、当時の青年団幹部は、ほとんどが（三人不明）羽茂農学校・羽茂高校の卒業生である（戦前の一八年度と一九年度各男一人、戦後に入り、二一年度男二人、二二年度男四人・女一人、二三年度男六人、二五年度男一人、二六年度女二人、二七年度女三人、二八年度女五人、二九年度女四人）。一九五〇年代半ばになり、村の青年団の中心は、戦後羽茂農学校・羽茂高等学校を卒業した世代に移ったのである。

弁論部と社会部を中心に、青年たちの学びには目を見張るものがあった。弁論部は、「弁論部報」を発行し、討論会を開いた。「弁論部報」の第一号は「妻か嫁か」（発行部数三〇部）、第二号は「生活改善の考え方」（発行部数一〇〇部）、そして第三号が「郷土に於ける夢について」（発行部数一〇〇部）であった。また、「女は忙しいか」というテーマでパネルディスカッションを行った。実施要領には、「農村の女の過労からの解放は根本的には農業経営の改革（例畜力機械力の導入）に依る男女分業的な革新でなければならぬ」と書かれていた（「活動報告」前掲『おけら』第二号、五六頁）。青年たちは、農村に生きる青年にとって切実な問題をテーマに選び、「弁論部報」や討論会を通し、村に向けて、積極的に自分たちの考えを発信したのである。

一方社会部は、公民館主催の社会教育大会と併行して、「羽茂青年研修会」を開いた。八月二七日から二九日の三日間行われ、会員六〇名が参加した。第一日目は「結婚について」のバズセッション（司会　金子幸良）と「青年団の新方途」についてのワークショップ（司会　山岡利納）、そして酒川の講義「美術鑑賞の方法」で組まれた。第二日目は、著名な婦人運動家の神近市子と朝日新聞論説委員の土屋清の講演を受け（神近と土屋は、夏期大学の講師でもあった）、農村の「生産」、「生活と政治」、「婦人生活のあり方」、「現在の社会情勢下に於ける青年の生き方」という四つのテーマで分科会がもたれた。そして最終日は、「理想郷羽茂村の建設」を議題にしたパネルディスカッション（司会 渡辺博）と、青年団の在り方を巡る全体討議の後、「今後の農村青年の在り方」と題した酒川の講義で締めくくった（同前）。

一九五〇年代半ば、青年団主体に公民館と共催で、敗戦後の夏期大学に匹敵する研修会が行われたのである。内容的にも、農村の生産や生活に根ざしたテーマを中心に、内外の情勢に関する学習や美術の素養を高めるものまで、バランス良く構成されていた。また夏期大学の時と違い、バズセッションやパネルディスカッションなど、参加型の研修スタイルが取り入れられていた。司会を、山岡、金子、渡辺など、戦前農学校を卒業し、敗戦後の青年団運動を担った村の中堅リーダーが務めた。また酒川は、講師として青年たちを啓発した。主催した青年団のメンバーは、当時、羽茂農学校在校生、または卒業した青年団員として夏期大学に参加していた世代である。そこで育った青年たちが、一九五〇年代に、自主的な学びの場をつくり出したのである。

青年団誌『おけら』は、村の青年たちを、学習運動と文芸的な作品の発表を通して結びつけた。それは、村の文化的風土を共有し、生活の改善と生産を向上させるための学びの場であった。羽茂村の全村教育は、こうした青年たちの自主的な学びの場ともつながっていた。

学校文集『やまびこ』

一九五八（昭和三三）年九月に、羽茂小学校から学校文集『やまびこ』が創刊された（第一集の表紙は『山びこ』であるが、奥付は『やまびこ』であり、第二集以降も表紙は『やまびこ』である。佐渡市立羽茂小学校所蔵。以下『やまびこ』）。現在まで、同小学校の文集として発刊されてきた。

創刊から三年間をみると、三三年度と三四年度が年四回、三五年度が学期に一回の年三回の発刊であり、以後学期に一回の発刊が定着した。頁数は、最低五二頁から最高九七頁、平均して七三頁であった。毎号全学年の作品が載せられ、年間で全児童の作品の掲載を目指した。こうした発行回数と頁数の多さは、『やまびこ』が、単なる児童作品の発表の場ではなかったことを物語っている。

「やまびこ」という名称は、「4年生以上から募集し、希望総数により決定した」（「あとがき」『やまびこ』第一号、五三頁）。酒川は、「やまびこ」という文集名を受け、すべての漢字によみがなをふった「発刊のことば」で、子どもたちにこう語りかけた。

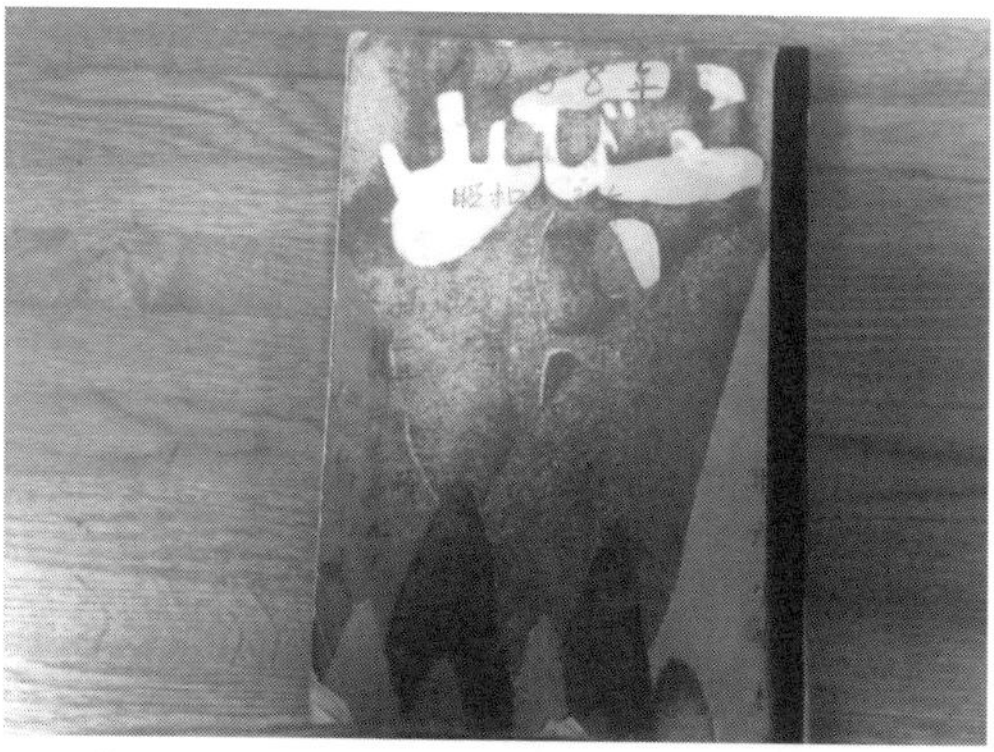

『山びこ（やまびこ）』第一集（羽茂小学校所蔵）

発刊《はっかん》のことば　　　　　酒川哲保

大《おお》きな声《こえ》でよんで見《み》た。山《やま》がへんじをしたようだ。もう一度《いちど》よんで見《み》よう。又《ま》へんじしたぞ。なあんだ、山《やま》びこだ。お父《とう》さんの声《こえ》でよんで見《み》ようか。おや、へんてこな声《こえ》だぞ。お母《かあ》さんのまねをして見《み》ようか。やっぱりだめだ。女《おんな》の声《こえ》にはなりやしない。先生《せんせい》のまねはどうだろう。だめだめ。人《ひと》まねなんかちっともおちつかない。もう一度《いちど》よんで見《み》よう。ぼくの声《こえ》で、力《ちから》いっぱいよんで見《み》よう。なかなかいい声《こえ》じゃないか。なんだかうれしくなって来《き》た。

（『やまびこ』第一号、一頁）。

酒川の願いは、子どもたちが、人まねではない自分なりの思いや考えを、精いっぱい表現することであった。そして、こう続けた。

子《こ》どもらしく正直《しょうじき》さが深《ふか》まって行《い》くうちに、だんだん厳《きび》しく鋭《するど》いものになるだろう。先生《せんせい》の好《この》みや、親《おや》の都合《つごう》などに気《き》を引《ひ》かれていると、子《こ》どもらしい本当《ほんとう》の考《かんが》えが伸《の》びにくい。自分の考《かんが》え、自分《じぶん》の感《かん》じたところを思《おも》いきりかいて見《み》ましょう。そこにおとなの考《かんが》えられないような　正《ただ》しく美《うつく》しい情愛《じょうあい》が流《なが》れたり、つつましく厳《きび》しい道徳《どうとく》が説《と》かれたりするでしょう。美《うつく》しいばかりではない世《よ》の中《なか》を攻《せ》めたてる場合《ばあい》もあり、心《こころ》から感謝《かんしゃ》する叫《さけ》びも出《で》るでしょう。ともかくこの山《やま》びこ第一集《だいいちしゅう》は、うれしいあどけない誕生《たんじょう》の声《こえ》なんだ。あどけないよろこびのなかに厳《きび》しい力《ちから》がかくれているんだ。

（同前）

ここには、子どもが、生活を綴ることを通して成長していく姿が描かれている。酒川は、作文を通し、世の中に対する鋭い意見が生まれたり、厳しい道徳が説かれたり、美しい情愛や感謝の思いが流れたりすることを期待した。それが、あどけない子どもたちに隠されている現実社会に向けた「厳しい力」であった。そして、子供たちに語りかけた「発刊のことば」は、教師や親に止まらず、祖父母や地域住民に向けた酒川からのメッセージでもあった。

子どもたちの力を引き出すために、酒川は、学習や日常生活との関連を重視した。酒川は毎回児童の全作品を通読し、『やまびこ』に読後感を寄せている。創刊号では、読後の物足りなさを率直に述べた後、それは、「まだ各学年に知性が不足しているから」であり、「学習をぐんぐん突込んでやるところから、自然に尖鋭な考えが生れ、深刻な問題を感受して、痛烈な批判を表現するようになるでしょう」と説いた（酒川哲保「全部原稿を見せてもらいました」同前、五一頁）。

また酒川は、子どもが作文にうち込んで「学習し、生活し、表現する修練をさせることは、人間を造る上に非常に大切なこと」であり、それは、子どもが自覚的に「自分を自分で練り直して行かせる修行」だと考えていた（酒川哲保「かんじたこと」『やまびこ』二巻第一号、一九五九年七月、六八頁、傍点・知本）。そして、「全児童の作品を載せ、全教師が批評を書き、全校あげての修練です」（同前）と、教師にもその使命の自覚を促した。酒川は、学芸に秀でた篤農家を尊敬していた。「修行」そして「修練」という言葉には、農村で子どもを育てることに対する酒川の信念が込められている。

当初から『やまびこ』は、子どもの成長に関わる問題意識を学校と家庭が共有し、ともに考え合う場としてつくられていた。第一号は、「学年をおって、考え方の発展を知る手がかりとなるよう編集してありますから校長先生の感想文をお読みになられたら、もう一度、全作品に目を通して頂き、文章を味わい、二号、三号への成長の御支援を、お願い致します」（「あとがき」『やまびこ』第一号、五三頁、傍点・知本）と保護者に呼びかけている。母親学級で、『やまびこ』の読み方の研修会がもたれたのは、このためである。

こうした羽茂小学校の作文教育の一つの到達点が、斎藤正枝（現舟崎）の学級、三年松組の生活作文集『まつこっこ』である。同誌は、一九六二（同三七）年、日本作文の会第一一回文集コンクールで特選を受賞した。斎藤は、一九五六年四月に新任教師として赴任した。当時羽茂小学校は、研究校として盛んに研究に取り組んでいたが、経験の浅い斎藤は、子どもたちの教育と学校の研究との間で戸惑いを感じていた。そんなある日の放課後、作文に赤ペンを入れていた斎藤に、酒川校長が小さなメモを渡した。そこには「耳をすまして、子どもの声を聞こう。心をすまして、子どもの心を知ろう。いい仕事だね。つづけて下さい。」と書かれていた。その小さな紙が、斎藤に「大きな自信とこれからの方向とをあたえてくれた」のである（舟崎正枝「〝あどけない童心のあらわれ〟作文このよきもの」前掲『酒川哲保先生を偲んで』三〇頁）。酒川が、教師にどう接し、どう育てようとしていたのかを示す興味深いエピソードである。こうして斎藤は、作文教師として歩み出した。『松こっこ』の受賞は、その六年後のことである。

斎藤は、学級の保護者に受賞を知らせたたよりで、「『まつこっこを持って帰るたびにかあちゃんが、一番になって読むよ』『ぼくんとこは、じいちゃんかばあちゃんだ。そして、とじるのんは、かあちゃんだ』」という子どもたちの声や、快く意見や感想を寄せてくれる親たちの励ましを力に「まつこっこ」を出し続けることができた、と感謝の思いを綴った。そして、「子ども達の考える力、書く力も伸びてきて、自分の心の中を開き、みんなに聞いてもらい、また、日記で、簡単ながら日日の反省をつづけ、どの子も明るく、素直に、育ってきた」と、書くことを通して成長してきた子どもたちの姿を喜びをもって伝えた（佐渡郡羽茂小学校三年松組『まつこっこ』及び「保護者向けたより」佐渡市羽茂本郷　氏江家所蔵）。作文や日記は、子どもの内面を育て、成長の跡を知る大きな手がかりであった。そのことを最も深く理解していたのは、メモを手渡した酒川である。

青年団誌『おけら』は、地域の青年たちが、村の生活と生産を向上させ文化的な素養を身に付けることで、村の担い手として成長するための学びの場であった。そして『やまびこ』は、作文を通し、学校と家庭がひとつになって子どもの成長課題を共有し、子育てについてともに悩み考え合う場であった。こうして、羽茂村における「『記録』の時代」は、一九五〇年代半ばから末にかけ、学校と地域が、村を担う子どもと青年を育てるという願いを共有した、生活記録運動として展開されたのである。

『羽茂万葉』の創刊

羽茂地区では、一九五九年一二月一五日、『羽茂万葉』という句歌集が発刊された。『羽茂万葉』には、号を重ねる中で、羽茂中生と住民の作品ばかりでなく、羽茂小と羽茂高校の児童・生徒及び島外を含めた地区外の住民と歌人の作品が収められてきた（初期には、詩も掲載されていた）。まさに、学校と地域の句歌集としての歴史を刻んできたのである。しかし、二〇一四（平成二六）年三月、羽茂中学校の閉校に伴い、第五五集をもって終刊となった（佐渡市立南佐渡中学校に全号所蔵されている）。現在は、羽茂中学校と小木中学校の統合校である南佐渡中学校に継承され、『南佐渡万葉』として新たな歩みを始めている。

創刊号には、短歌のみ、中学生一四九首と一般一五三

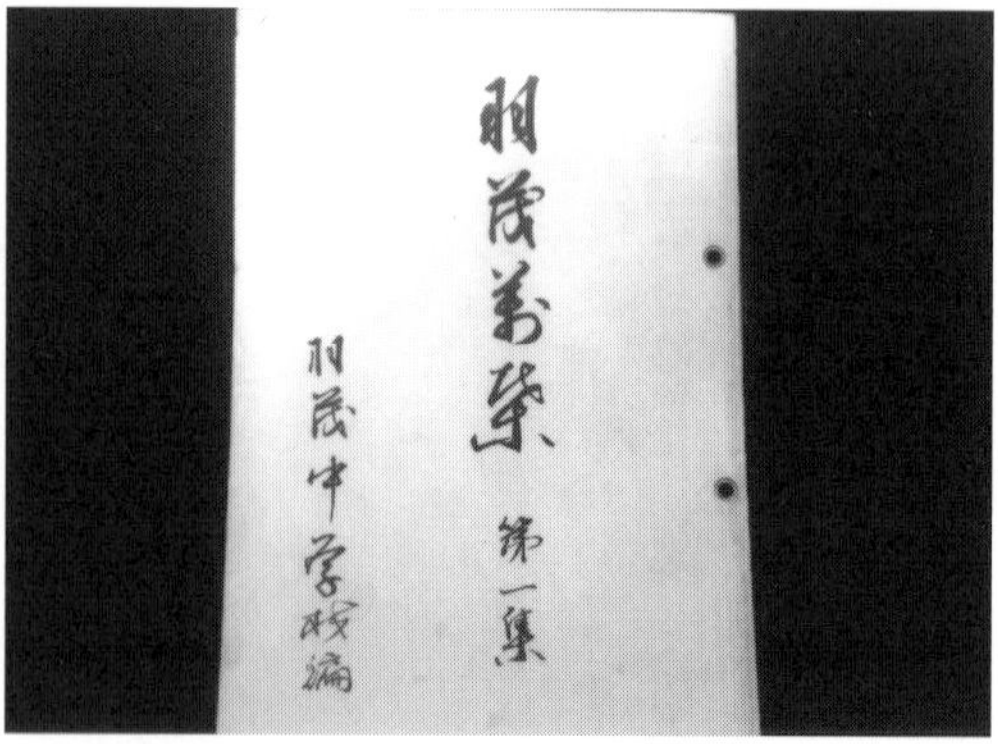

『羽茂万葉』第一集（南佐渡中学校所蔵）

学校と地域の句歌集だったのか。塚原が書いた第一集の「編集後記」から、その意図が分かる。
中学校から発刊された文芸誌が、なぜ作文や読書感想文集ではなく句歌集だったのか、しかも
出男（以下塚原）である。ガリ版ずり全一八ページの小冊子で、発刊は羽茂中学校であった。
首の作品が収められている。編集人は、当時中学校の国語教師で、文芸部顧問であった塚原日

万葉集においては上は天皇から下は防人、名もなき賤が男女に至るまで、何らのへだてなく一巻の中におさめられた。短歌の世界こそ美しい平等と平和の社会であった。右の意を体してここに「羽茂万葉」を編集してみた。（中略）
我が羽茂村は近代短歌史不滅の光を放つ、藤川忠治先生出生の地であり、その結社「歌と評論」の同人も多いと承る。後継者の養成も学校教育の目的の一つと思われる。
ここにささやか乍ら第一集を世に送るに当り、諸般に就いては重鎮、庵原健氏及び長尾千紙氏のご指導をいただき、編集上については教育委員会の金子幸良氏、公民館の中原清剛氏より献身的なご指導を賜った。

（『羽茂万葉』第一集、南佐渡中学校所蔵、傍点・知本）

万葉集の世界こそ、戦後の新しい時代の中で村に蘇らせるべき、文学的な理想世界であった。

また羽茂村は、『歌と評論』による歌人を多く輩出していたが、その後継者の養成も意図していた。庵原は、『歌と評論』創刊時から藤川の盟友であり、長尾も戦前からの主要な同人であった。第一集の一般作品のうち、その多くが『歌と評論選集』三号と庵原が主宰していた歌集『佐渡』から転載されたものである（『羽茂万葉』第一集「編集後記」）。また、金子幸良（当時教育委員会職員）と中原清剛（当時公民館主事）は、戦後村の文化運動で育った中堅リーダーとして、公民館活動を主導してきた人物である。また、第一集における一般からの出稿者は三六人であるが、藤川忠治、酒川哲保、そして『歌と評論』の中心的なメンバーである青木政雄、葛西秀、伊達修一、原田一喜、原田貢、山岡利納、渡辺博などが作品を寄せていた（同前、「目次」）。戦後羽茂村の文化運動と地域教育運動を担った指導者と中心的メンバーが、ほぼ顔をそろえていた。そしてここでも、まるだい味噌やまか味噌及び羽茂郵便局簡易保険部から多大の寄付を得ていた（同前、「編集後記」）。

こうして羽茂村では、一九五〇年代の末に、戦後民主主義の価値を踏まえながら、学校と地域がひとつになり句歌集を編むことで、村の文化的な後継者を育てようとしたのである。羽茂中学校長の中山秀二は、こうした羽茂村の村民性とそこで果たすべき学校教育の役割を、深く自覚していた。

序

羽茂万葉第二集によせて

羽茂中学校長　中　山　秀　二

幸、本村にはこの道をたしなむ人々が非常に多く、野に働く人も、机に寄る人も、道行く人も、会う人ごとに殆どの者が、ゆかしい歌心をもって生活していられるのには、全く驚くほどであります。中には美濃部先生や藤川先生のように、中央歌壇に名をあげている優れた先輩も少なくなく、また、山家や海辺にかくれた作家は、数えきれないほどであります。歌を作ることが、本当に村人の生活にとけこんでいることは、島内でもめずらしいのではないかと思います。

こうした先輩を持っていることは、わたしたちの誇であると共に、何とかして、その後につづいて行かなくてはなりません。生徒の心の中にあるリズムを引き出すきっかけを作り、歌をつくることに喜びを見つけさせて、後に続く幼き者を育てて行くことは、わたくしたち教育にたずさわる者に課せられた責務であると考えるのであります。

（『羽茂万葉』第二集、昭和三五）

中山校長は、学校教育を通して、次代の村を担う子どもたちに、歌詠みの里としての文化的な資質を継承したいと考えたのである。それは、一人前の村人としての文化的素養でもあった。『歌と評論』の会員は、一九六〇（昭和三五）年段階で二八都府県三五九人と、全国に及んでいた。都道府県や地区別に見ると、佐渡郡が六九人と最も多く、藤川忠治が信州大学に職を得て居住していた長野県が五三人、戦前藤川が居住し、文学仲間が多い東京都が五二人と、三つの地区が抜きんでている。中でも羽茂村は、二九人と町村単位で見れば、圧倒的に多くの会員を有していた（「会員名簿」昭和三五年一月一日現在。『歌と評論』第三巻第一号、歌と評論社、昭和三五年一月）。羽茂村で『羽茂万葉』発刊を支えた文化的土壌の核に置かれていたのが、この『歌と評論』である。羽茂村から発刊された学校と地域の文芸誌がなぜ句歌集であったのか、という理由がここにある。

『羽茂万葉』は、二つの意味で大きな価値を持つ地域文芸誌である。まず、地域の句歌集として、中学生を中心に小学生から高校生までの子どもたちの作品と、島内外の一般の作品を一つにまとめ、半世紀以上発刊されたことである。次に、学校の句歌集として、戦後の子供たちの感情の歩みを刻み続けてきたことである。学校文化として、作文や詩を中心とした学校文集は多いが、管見《かんけん》の限り、半世紀余にわたり、学校と地域がひとつになって発行し続けた句歌集は、『羽茂万葉』以外に知らない。『羽茂万葉』は、五五年間という継続性においても、地域の子どもから大人までを包摂《ほうせつ》する投稿者の範囲においても、句歌集という性格においても、戦後という新しい時代の中で、歌詠みの里羽茂を舞台に、学校と地域が思いを重ね合わせて創りだした全国的にも希な句歌集だと言ってよいだろう。『羽茂万葉』は、文化的にも村を担う人を育てる、農民文化の揺籃《ようらん》であった。

【参考・引用文献】
・鳥羽耕史『「記録」の時代』河出書房新書、二〇一〇

七　地域に立つ教育

「地域に立つ教育」

酒川哲保は、退職する約二年前の一九五八（昭和三三）年一月、『学習研究』第一二六号に、「地域に立つ教育」を発表している（奈良女子大学文学部附属小学校学習研究会、以下「地域に立つ教育」）。羽茂村と小木琴浦の地域教育実践を総括しながら、直面する村の教育の在り方について論じたものである。全国レベルで発表された酒川最後の教育論文である。酒川は、当初この論文を、「村つくりの教育」という表題で書くことにしていた。しかし酒川は、「私達のして来たことが果たして『村つくり』になっているのかどうかあやしいものである」と自問し、標記の題に変えたのである（『地域に立つ教育』五九頁）。どういうことなのだろうか。

酒川はまず、戦後の渾沌《こんとん》とした時期は、「『村つくり』といわれた社会教育方面に手をさしのべ、それがまた効果的でもあった」と、戦後の夏期大学や公民館活動について、肯定的に振り返っ

ている。その上で、現在自分たちがやっていることは、「最早『村つくり』とは云われないような、教育全面を考える学校教育を平凡に専念するつもりの仕事」であり、「専ら本質的な全教育的な追究を深めるところから、自然に及ぼされる部面を、『村つくり』とする外ない」と考えるに至っていた（同前）。そして、村に「子供たちをめぐる一つの協同社会体を形成」し、それが「完全なPTA若しくはPTCAの有機的な働きをもつようになれば新しい形の『村つくり』というものになるであろう」と、新たな段階の村つくりの教育を構想したのである（同前、六〇頁）。

そこで、おのずと酒川の視点は子どもたちに置かれた。そしてこう考えた。「子供が家庭の一員として当然の主張をもち、位置を認められ、部落社会でも子供達の立場が、敬愛の念をもって遇せられ、真剣に論議されるようになって来ると、子供達は正しい社会性の上に一段と生彩を放つような学習を展開して来る」ようになる。そうすると、学校教育もいよいよ本物になってくる。そしてそれは、「部落に響き、家庭に響き返って、大人の世界に潤いを持たせ、生活を規制し、社会連帯の意識や情味を深め、生活や生産を高める処まで押し拡げられる傾向」を持つ。「『村つくり』はそんなところが本筋ではあるまいか」、と（同前）。

酒川は、子どもたちを中心に置きながら、正しく豊かな社会性を育むことが、村の社会的連帯や生活意欲の向上につながり、それが今日的な村づくりの力になると考えた。こうして、学校教育との関わりの中で、より深い村民の社会性を獲得することが、一九五〇年代後半における「村つくりの教育」の課題として、意識されるようになったのである。それは、敗戦後、戦後民主主義の獲得という社会的欲求が教育課題そのものでもあった段階から、子どもの成長を中心に置いた深い社会意識の獲得が教育課題となった段階への変化を意味していた。

戦後全村教育を主導してきた山田清人は、一九五〇年代の前半、すでに地域教育計画が「『社会改造』の地域教育計画から、『人間改造』の地域教育計画に転換してきた、あるいはしようとしていることは、はっきり認められる」（山田清人「社会の課題と直結する地域教育計画」『教育』二月号№16、国土社、一九五三、一七頁）と認識していた。そして、その典型的な実践として、『山びこ学校』を高く評価していた（同前、一九頁）。酒川が、羽茂村で全村教育を始める前年のことである。山田は、この『人間改造』の教育を進めるために、地域教育計画を、一学校単位ではなく「小・中学校の縦につらぬく学校教育計画」を持つ、一町一村単位の学校教育体系として構想した（同前、二一頁）。しかも山田の理想は、ここに高校教育が加わることであった。山田は、定時制高校の分校をもつ広島県のＳ村を取り上げ、「Ｓ村の地域教育は、六・三・三制の地域教育を構想しつつある」（同前）と高く評価した。そして、「六・三・三の上の三においてはじめて、地域社会の、なまの課題と直接対決しうる学習能力がある」（同前、傍点・知本）のであり、そこに「社会改造」までつながる地域教育の全体像を見ようとした。高校教育の段階で、農業後継者としての力の獲得を期待したのである。

こうした山田が理想とする六・三・三制の教育体制を備えている村こそ、羽茂村であった。戦後、村立の羽茂農学校は県立となり、一九四九（昭和二四）年四月には、農業科と普通科を持つ全日制の総合高校になっていた。酒川は、高等学校が、全村教育の中で果たす役割を深く認識していた。

村には県立農業高等学校がある。最近まで村立であった所から村民は今もなお村のものとして愛している。それだけに村の子女達は定時制高等学校の必要を見ない程に殆ど此処で最後の仕上げがしてもらえる。（中略）。

村の高等学校を卒業した青年たちは殆ど皆村内に止って農業に従事する。青年団は高等学校・中学及び小学校の同窓会と殆ど一致する、そうして村の将来は此の青年たちの手によって左右されるのである。ここにも大きな教育上の問題がある。

（前掲「分教場の教育」三四頁、傍点・知本）

当時羽茂村は、子どもの社会性の育成を課題に、母の会を中心に全村的な教育活動を展開していた。山田が言う「人間改造」である。酒川は「最後の仕上げ」という表現で、幼・小・中と育った子どもたちが村の高校に学び、農業後継者としてばかりでなく、地域や広く社会を担う人材として一人前の力を身に付けてもらえる、と考えていた。戦前村立の農学校を設立した羽茂村は、そうした条件を持たない地域では構想することができない質の教育を保障したのである。一九五九年度の羽茂中学校卒業者の進路状況を見ると、八五％が高校に進学し、内、羽茂高校進学が九一％である（「羽茂中学校学事報告」現在羽茂中学校閉校に伴い南佐渡中学校所蔵）。また、一九五四年度の羽茂高校全日制の卒業生の進路を見ると、大学進学二二人（一九％）、就職三二人（二八％）、在家六一人（五三％）であり、進学と就職が増えているものの、半数以上が家に入り農業後継者になった（「卒業生の動向」前掲『羽茂村誌』五九七頁）。農業をしながら地元の役場や味噌工場への就職を選んだ者も少なくなかったことを考えれば、農業従事者はさらに多かったであろう。こうして羽茂村では、一九五〇年代の後半に入り、『村を育てる学力』（東井義雄、明治図書、一九五七）を身に付けた子どもたちが、学校を巣立っていったのである。

さて酒川にとって、地域で人を育てるこうした教育は、外から与えられたり上から変えられたりするものではなく、あくまでも「僻地の社会性が僻地に立って僻地を超えるように成長する処」（前掲「地域に立つ教育」六五頁）にあるべきものであった。敗戦直後、京都の地で盟友の小野為三とともに「人間創造」を宣言した酒川は、一五年の時をへて、佐渡の僻村から、「地域に立つ教育」を打ち立てたのである。

酒川は論稿の最後を、「僻地の児童をどのように育てて、将来の新しい生活に対処せしむべきか、これからの『村つくり』には最も幸福な立場にありながら、その重大さと底深さに身のすくむ思いがする」と結んでいる（同前）。酒川は、子どもを育てる教育者としての幸福を知ればば知っただけ、教育が持つ「重大さと底深さ」に身を律しながら、教職を去るまでの残り二年間に向き直っていた。

戦後教育の中の羽茂村全村教育

こうして、一九五〇年代後半に至り、羽茂村には、村を育てる学びの共同体とも言うべき教育の構造が生まれた。母の会は読書会を開き、子育ての悩みを共有しながら自主的に学んだ。それは、幼から高までが一堂に会して子育てを語り合う幼・小・中・高母の会研修会へと発展した。青年団は、夏期大学など、生産と生活と文化を向上させるための研修の場をつくりだした。教育行政は内地留学制度を立ち上げ、教師を育てる体制を整えた。内地留学で学んだ教師たちは、母親の読書会や地域懇談会の場で指導者としての役割を果たした。また、酒川とつながりを持つ重松鷹泰ら一流の教育者が、こうした教育活動を支えた。一つの村で、子どもを真ん中に置き、教師・母親・青年・行政・学者が、それぞれの役割を自覚しながら横につながり、村の未来をつくる子育てについて学び合う共同体を形成したのである。それは、「農民が自分たちの生活のために自分たちを強くし、幸福にしようとする自分たち自身の教育、学習をする組織」(大田1、一九五七、傍点・知本)であった。

ここで特に注目すべきは、学びの共同体の形成過程に見る村民の主体性である。羽茂村の学びの場は、始めに目標と組織ありきといった性格のものではない。始めに子育ての悩みがあり、それを共有し、その解決の道を模索する中から生まれたのである。氏江満は、「PTA母の会のこれ等の組織や施設は、必要に応じてどんどん先に実行し、その事を後になって形式づけて行くと云う事、つまり止むに止まれぬ下からの盛り上がりに依って運営されていると云うことになるのであります」（氏江満「母の会の歩み」前掲『考える学校』二三五頁、傍点・知本）と振り返っている。生きた組織としての母親たちの学びの場の性格をよく表している。

そこで、同時期の一九五三年四月に、群馬県佐波郡島村で、東大教育学部宮原研究室が当時島小学校長であった斎藤喜博とともに取り組んだ島村総合教育計画における青年・婦人の学習活動と比較してみたい。まず、活動の構想を見よう。

この構想の眼目は、（一）村の生産と生活をたかめるための学習を学校教育と青年・婦人・成人の学習活動の全般にわたって計画していくこと。（二）あくまで村の子ども・青年・父母の学習意欲を掘りおこす努力をつづけ、それを自発的な学習活動にまで組織すること。（三）必要に応じて教委・農業改良普及事務所・農協・蚕種組合・公民館・学校・保育園などが協力し、村内のあらゆる教育的な力をむすびあわせていくこと。（四）実践の反省と展望をおこなうために、全村各層・各団体・各機関の代表者が参加する島村教育会議を年一回開催することること。（以下略）

（宮原誠一他「島村における青年・婦人の学習活動」東京大学教育学部紀要第四巻　地域と職場の学習集団の研究、一九五九、一〇五頁、傍点・知本、以下「島村における青年・婦人の学習活動」）

「研究室の実験村」（前掲「島村における青年・婦人の学習活動」九九頁）という位置づけで出発

した実践は、三ヵ年の期限がつけられていた。常駐の学生を一人置き、予算も双方が一三万ずつ拠出し（同前）、大学としてとり得る最善の体制はとられていた。村の生産と生活を高めるための学習を、学校教育と社会教育全般にわたり行っていくという方向は、羽茂村の全村教育に通じるものがある。しかしそれが、実験のための構想であった以上、計画を立て、組織をつくり、学習のための意欲を掘り起こすという性格の取り組みにならざるを得なかった。これが最も難しい点であり、ここに実験が抱える初発の問題があった。

サークルの一つである「北部時事問題研究会」の場合を見ると、まず最初の段階で、青年たちの学習状況や意欲を考慮せず、程度の高いテキストを与え失敗した（同前、一一二頁）。また「毎回二〇人前後の参加が見られたものの、団員大衆として常会に出席することとかわらず、サークルへの参加は、内からの主体的契機に支えられてはいなかった」という（同前、一一三頁）。こうした宮原研究室の総合教育は、「上から導入された所与のものとしてうけとめられ、計画遂行に主体的に参加する──まずなにより学習活動への参加の意欲を醸成《じょうせい》させているとはいえない」状況であった（同前、一三五頁）。

結局、どんなにすばらしい計画が作られ、さまざまな働きかけや工夫を重ねても、主体的に学ぶ意欲の醸成という、最も難しい学びの場の入り口を越えることは、できなかったのである。その意味で、子育ての悩みから入り、それを共有し、専門的な学習の必要性に目覚めていった羽茂村母の会読書会の経験は、民衆が自らの必要のために学びの場を形成するためには何が大切なことなのか、を教えている。
教育学者の太田堯は、一九五二年に、戦後地域教育計画の到達点と言われる自らの本郷プランも含め、戦後新教育についてこのように総括している。

われわれの実践を振り返ってまず問題になるのは、子どもの切実な悩みとのとりくみから、地域との結びつきに発展しなかったということである。子どもの悩みに取り組んだ教師の地味な実践が、地域の父母や大衆を動かす、そういうことがまず大切なことなのだ。大衆との組織的結びつきは、理論を超えて、より深い人間的な結びつきを土台とし、それをもっとすなおに合理化していくことでなければと思う。
組織以前に組織の情緒が地下水のようにおしひろげられていることが必要である。ほんのわずかのきっかけで、それらは、地上での組織へと創造的に発展していくといったものなのではあるまいか。

（大田２、一九八九、初出一九五二、傍点・知本）

島村での実験も含め、理念と計画と組織と調査が先行した地域教育計画をはじめとするそれまでの地域教育運動（新教育）が、なぜ尻すぼみになっていったのかという理由が、ここに端的に述べられている。一九五〇年代の地域教育実践は、この太田の内省から始められるべきであった。子どもの悩みに寄り添い実践を展開する教師が、父母や地域と結びつくことができるのである。子育ての悩みでつながろうとする親たちの主体的で動的な学びから組織の情緒は生まれるのである。そして、地下水のように、学びの場に流れる様々な組織の情緒の意味を知っている実践家だけが、父母や地域住民と一体になり一九五〇年代の地域教育を創造的に展開できたのである。酒川はその代表的な実践家である。そして、羽茂村の全村教育はその典型的な実践であったと言えるだろう。

【参考・引用文献】

・太田堯『日本の農村と教育』厚徳社、一九五七、一五頁、初出『教育学事典』第五巻中の「農村教育」平凡社、一九五六（太田1、一五頁）

・太田堯「第四章　地域の教育計画」『地域の中で教育を問う』新評論、一九八九、初出『岩波講座・教育』第四巻、一九五二（太田2、一三四頁）

第六章　戦後の教師像と酒川哲保

一　全人的に生きた教師酒川哲保

キー・パースン

戦後羽茂村の地域文化運動と地域教育実践は、一貫して酒川哲保というキー・パースン(一)の歩みとともにあった。社会学者の鶴見和子（一九一八—二〇〇六）は、哲学者の市井三郎（一九二二—一九八九）の論を引きながら、キー・パースンとは、社会がもつ「不条理な苦痛を軽減するため」に、「みずから創造的苦痛をえらびとり、その苦痛を我が身にひき受ける」不可欠な人間存在であるとした（鶴見1、一九九六、傍点・知本）。そして鶴見は、キー・パースンを「一つの社会、または、一つの地域のすぐれた伝統を革新的に再創造する人物」として性格づけた（同前）。敗戦後、自ら創造的苦痛をえらびとり、羽茂村という地域のすぐれた伝統を革新的に再創造しようとした人物こそ、酒川であった。

酒川は、帰島（村）後の一〇年を顧みた心情を、「七月七日の日記から」という一文に残している。酒川は、「越後と佐渡が生んだ最大の偉人」である良寛の生涯を理想としていた。しかし酒川にとって、帰島後は「それにしても年々に良寛を遠ざかる一生ではなかったか」と思う日々であった。酒川は、「島に帰って十年、その間、良寛どころでなく、ふるさとはよるとさわるとばらの花……いや故里の人は温かく迎えてくれているのに、こちらがどうしたことか我と我が身をばらの荊に身を細らせて行くような日々だ」（『教育創造』第九巻第八号 高田教育研究会、一九五六、二頁、傍点・知本、以下「七月七日の日記から」）と振り返っている。貧困と過重な労働の中で心を閉ざす僻村の子どもたちや、戦後新しい生き方を模索していた青年たちを前に、酒川は良寛ではいられなかったのである。時代と現実は、酒川を、子どもや青年とともに歩む「創造的苦痛」の道へとすすませた。そして酒川は、戦後の日々を、文人教師として、地域の改革者として、校長として、全人的に生きぬいたのである。

【注】

（一）鶴見和子は、『内発的発展論の展開』（筑摩書房、一九九六）で、「キー・パースン」という用語は哲学者市井三郎の造語であり（同書、二一二頁）、「リーダーシップ」との違いを、市井三郎の『哲学的分析』（岩波書店、一九六三）中の次のような注（二三三頁、注（二二））を引きながら説明している。

「『リーダーシップ』という語が含意する『リーダー』という言葉を用いると、そこに『リード』される多数に対する少数者たる『リーダー』あるいは『エリート』のなんらかの政治的支配がある、と考えられがちであるが、わたしがわざわざ『キー・パースン』という妙な造語を用いたのは、その既成概念を避けるためである。」（二一四・一五頁）

文人教師として

「京都時代の酒川」でも述べたように、酒川は、画家を志して京都衣笠の「絵描き村」で修業した日本画家であった。また、京都時代に交友のあった国語人である白井勇から、「酒川氏もけだしけたをはずした校長で、さすが歌読み《ママ》（詠み—知本）の校長らしい校長であった」（白井勇「小野君の今と昔」『朱桜の実践　小野為三抄』朱桜教育研究会編発行、一九五〇、一五八・一五九頁）と評される歌人でもあった。

こうした文人教師としての酒川の性格は、戦後の地域文化運動はもちろん、教育の現場でもいかんなく発揮されている。教師、とりわけ経験の浅い教師にとって、どんな先輩教師と出会うかは、その後の教員人生にとって大きな意味を持つ。池田太郎にとっての酒川がそうであった。後年池田は、「教育における人と人との出会い—この道六〇年間の歩みから—」という一文で、自身の教員生活での人との出会いについて振り返っている。そして、友として糸賀一雄と田村一二を、「感謝の存在である」先輩として、唯一酒川を挙げている。酒川は、そのころ生物学と児童心理学以外には「知らん風していた」池田を誘い出し、和辻哲郎の『古寺巡礼』を片手に、奈良の古寺を巡った。その後池田は、酒川邸に招かれて夫人の山菜料理とお酒を振る舞われながら、著名な日本画家の作品についての批評を聞かせてもらったという。池田は、「教育は芸術であるという一面を忘れないのは、哲保さんのおかげである」と振り返っている（社会福祉法人しがらき学園理事長 池田太郎『発達の遅れと教育』四月号・三四九、一九八七、日本文化社、六頁）。

また酒川は、池田が最も力を入れていた児童心理学について、「児童心理学をやると君が言うなら、文豪の小説を読んでもらいたい。それをしないで児童心理学をやっているなど言うものではない」と強くたしなめたという。「心の中で何くそと思った」池田は、夏休みの一か月で夏目漱石全集を、次の年は森鴎外全集、三年目は志賀直哉全集を読破した。池田は、今日若い人たちに「血の通った児童心理学というもの」を期待する源はこの体験にある、と感謝の言葉を記している（同前、六・七頁）。こうして酒川は、弟のように接していた七歳年下の池田を、本物の文化や文学の世界を通して、人間と教育の本質を探ろうとする生き方へと導いたのである。

また一九四七年、酒川が勤める大崎分教場がある滝平から、文芸誌『みなかみ』が創刊された。酒川は、青年たちに請われてその顧問に就いた（前掲『近現代の羽茂』七四八頁）。「敗戦により何もかも失い、父母のもとに生きて帰った若者達の、せめてもの心の安らぎを求めて集った」のが、『みなかみ』であった。『みなかみ』は、酒川の命名であり、そこには「羽茂文化のげんりゅうになれるようにという願い」が込められていた。大崎分教場でも例会が行われ、文学青年たちは、放課後酒川のもとに押しかけ、休日も自宅を訪問するのが恒例となった（藤井青咲「酒川哲保先生回想『みなかみ』発刊のころから、蚯蚓との別れ」前掲『酒川哲保先生を偲んで』六四・六五頁）。戦地から帰った青年たちは、京都の大きな学校から僻村に帰ってきた文人教師酒川を慕った。酒川は、文芸誌発刊の相談から例会への参加、そして随想などの作品発表まで協力を惜しまなかった。戦後故郷の村で、青年たちの生活に、文化という希望の種をまいたのも、文人教師としての酒川であった。

酒川は、学校が地域文化の要でもあった時代の最後の教育者であり校長であった。文人教師は、死語になって久しい。しかし、教育者である酒川が、文人教師としてどのように生き、池田や滝平の青年たちと何をもってつながろうとしたのか、を今問い直したい。教師は、教師である前に一人の人間である。教育は人なりとも言われる。その、使い古された言葉のもつ意味を体現していた教師こそ、文人教師酒川であった。

地域の改革者として

当時文部省は、一九五一年の『初等教育原理』で、「長期にわたる社会改造と文化改造のかぎを握ってるものは教師」であり、「日本はこの大規模の社会改造と文化改造を実現しなければならない」と、目指すべき教師の在り方を示していた（寺崎昌男・前田一雄編「文部省　新しい時代と教師」『日本の教師　二三　歴史の中の教師Ⅱ』一三一・一三二頁）。一九五〇年代の初頭、文部省は、教師を社会改造と文化改造の担い手として期待したのである。一九五〇年代に入り、それまで理念の段階であった戦後民主主義は、その現実化が問われていた。教育が、地域の社会的文化的な改造と一体の課題として認識されていたのである。戦後七〇年以上がたち、当時文部省が、こうした考え方を示していたことに、ある種の感慨を覚える。

この時期酒川は、地域文化運動や公民館活動を通し、文部省が言うところの地域の社会的文化的改造に、真正面から取り組んでいた。酒川は、当時文部省が求める戦後教師像に、最も近い一人だったと言えるだろう。農村教師の酒川にとって、僻村の教育に壁のように横たわる社会と文化状況を改革することは、むしろ当然であった。酒川は、夏期大学について振り返る中で、夏期大学を通して「私自身が一番教えられ、鍛えられた」のであり、このことがあって「私は農村教師としての資格を辛うじて得たと信じている」と記している（前掲「地域に立つ教育」六一頁）。酒川は、青年をはじめ村人と学び合う場を共にし、藤崎盛一の立体農業から羽茂村の農業の在り方を学ぶことで、農村教師としての足場を築いていったのである。酒川は、遅れた農村の啓蒙家ではなかった。村人と共に歩み共に学ぶ、地域の改革者であった。

では酒川は、教育の現状を、どう考えていたのであろうか。戦後の教育において、この時期、新教育が問い直される一方、教育の「逆コース」が進んでいた。戦後展開された生産教育や生活綴り方教育に対する酒川の評価は厳しい。酒川は、官民共に推奨していた生産教育について、「技術の末梢《まっしょう》的訓練より外に何をして来たであろう」と問うた。生活綴方連盟に対しても、「反抗斗争的の生活指導を続けているようであるが、建設的政治的経済的指導の徹底が教育のどの部面にあったろう」と、実際の教育的な意味について疑問を呈した。そして社会科についても、ディスカッションや調査学習は進められているが、「果たして我等の郷土が日一日と荒廃の一途を辿っていることを教え、これらの対策として如何なる計を立てるかの生きた指導があるだろうか」と指摘した（前掲『人間創造』一八頁）。酒川にとって大切なことは、目の前の子どもたちと村の現実であった。そして、教育の力で、未来に向けてどう対するかであった。

さらに酒川は、「軍事基地の問題、二三男対策の問題、貧困に乗ずる保安隊員募集の問題」などが、「既に郷土を蚕食しつくそうとして」いるにもかかわらず、これに対する教育者の活動は、「全く言語に絶する無関心さを示しているのではあるまいか」と慨嘆《がいたん》している。酒川にとって、教師が、「現に預かっている子供達の生命を託する社会が如何なる方向に流れ、如何なる変遷を予測されるかを知らず、知っているとしてもこれに対する何等の対策をも講ぜず、唯校舎の内に閉じこもつて、社会に隔絶したカリキュラムを、白昼夢のように繰り返している現状は、評すべからざる怠慢」であった（同前、一九頁、傍点・知本）。

酒川は、「一番いけないのは、教育を知らない政治家や、主義者たちが、自分達の分野の都合のために教育を左右しようとするのに引きづられることです」と、教育界の政治主義的な動きを戒めていた。しかし同時に、「少々時代に抗しても、正しい道は死守すべきだと思います」と、教師が眼前の出来事に対して目をふさぐことなく、必要な手を打つべきだと考えていたのである（座談会「教育の底を掘り下げる」中の「四、あとがき」。司会酒川、出席者坂口春吉以下四名。『近代』第四号、一九六〇、五六頁)。当時酒川は、校長という立場にあった。

校長として

酒川は、敗戦を機に一度は校長であった自己を否定して一訓導となり、三年後に再び校長となっている。酒川は、京都時代に、一九四一年から三年間豊園小学校と上京国民学校で教頭を務め、一九四四年に朱雀第六国民学校長になった(「酒川哲保先生年譜」前掲『酒川哲保先生を偲んで』八〇頁)。酒川が教頭になり管理職の道を歩き始めたのは四〇歳のころであり、ベテラン教師の域に達していた。しかし、酒川が校長になることを良しとしていたかと言えば、そうではない。後年酒川は、「学級担任こそは本来の教育者の面目」であり、校長や役人に出世したがる風潮を、「それより外に道がないためのいじけた哀れな願いだ」とまで書いているのである(前掲「人間創造」一四頁)。

では、そんな酒川が、なぜ再び校長の職に就いたのか。ここで、酒川の羽茂中学校長就任に向けた一件を、思い起こしておきたい。村は、校長としての酒川を必要としていたのである。また、このまま一担任として子どもたちに向き合うかどうかを判断するのにも、ぎりぎりの年齢を迎えていた。酒川は、一九五四年に日教組が主催する県の教研集会で佐渡支部を代表して発表しているが、校長になっても熱心な組合員であった[一]。

それでは酒川は、何を大切にして、学校づくりをすすめていたのだろうか。酒川は、教師が子どもに対するためには、「如何《いか》に浅く不完全なものでも自分の教育学を創造しなければならない」と考えていた。「借り物を使っているようでは、子供との授受の間に、機微を捉えて生命を吹き込むことは出来ない」からである（前掲「人間創造」一四頁）。では、どうすれば良いのか。「子どもの人間性を大きく育てようと苦心する中に、教師の人格性も成長する」のであり、酒川は、その「修行の場」を、「子どもと融合して学習する処にある」と考えていた（同前）。子どもと一緒に成長する教師の姿である。そのために一番良いのは、学級担任を務めることであり、酒川は教師に「学級を信頼し切って委すこと」を大切にした（酒川哲保「道徳教育随想」高田教育研究会『教育創造』第一一巻第九号、一九五八、三六頁、以下「道徳教育随想」）。その根底には、「人間には必ず長所があるもの」であり、それを見付けて尊重すると、「大ていの先生は第一流の先生になってしまう」という酒川の教師観があった（同前、三六頁）。斎藤正枝に手渡した一枚のメモが、その後斎藤が一流の作文教師として歩むきっかけになったという一事が、こうした酒川の考えを雄弁に物語っている。

さて、一九五〇年代の後半は、「うれうべき教科書の問題」（一九五五）、勤務評定の全国的広がり（一九五七）、小・中学校特設道徳の実施（一九五八）など、教育の中央集権化が進んだ時期である。中でも、一九五八年の小・中学校学習指導要領の改訂は、拘束性の弱い従来の指導要領から基準性を強化した内容へとその性格を変えていた。以後教育現場では、学習指導要領が「地方、学校にトップダウンのかたちで伝達され」、その「変化と伝達を通して、学校や教師が教育内容を所与のものとして受け止めるという姿勢が四十年を通して形成」されてきた（稲垣、二〇〇二）。それは、月日を重ねながら、多忙化する現場で、ある種の慣れとあきらめを伴いながら常態化していった。

そこで問われてきたのは、上からの教育施策に対し、それを現場でどう受け止め、子どもと地域の状況に応じてどう主体的に作りかえるのか、であった。教育現場での、教育の主体性の奪還である。その時、誰よりも問われたのは、行政との間に立ちながら、最終的に現場に責任を負う立場にある校長である。

この時期、酒川校長と羽茂小学校教職員集団は、特設道徳の時間にどう対するのか、が問われていた。酒川らは、道徳教育は全教育活動を通し授業や生活体験との関連を大切にしながら取り組まれるべきものであり、特設道徳の時間が道徳観念を押し付ける徳目主義に陥る危険性があることについて深く憂慮していた。酒川自身も、県内で発刊されていた研修誌である『教育創造』誌上で、「今日文部省が提唱する道徳教育の方法が、教育界を甚だしく後退させそうに考えられるので、黙過出来ない気持ちにもなってくる」と、反対の立場を表明していた（前掲「道徳教育随想」三四頁）。

しかしそのことで、父母や地域を巻き込んだ反対のための学習会や運動を組織し展開したという記録はない。確かなことは、羽茂村では、その前に全村を挙げて子どもたちの社会性を豊かに育てるための研究に取り組んでいたことである。そこでは、生活綴り方やRR方式など、子どもを捉えるために有効なあらゆる教育的手だてが取られていた。そして、子どもたちを全人的に生きて動くままに捉えて育てようとする研究が進められていた。酒川たちは、道徳教育の問題を、この研究の流れの中に位置づけた。そして、特設道徳以外の時間の道徳は今のままでよしとし、特設道徳についても、低学年で実施時間を小分けにしたり、高学年では時間の設定を子どもにとって切実な生活場面との関連の中で実施するなどの作りかえを行った。また母の会の研修会や機関紙は、日常生活に根差した子どもたちの道徳性を養う社会的な基盤としての役割を果たしていた。羽茂村では、学校と地域が持つ教育の実質において、特設道徳の徳目主義的な弊害を見抜き、それを乗り越えるだけの教育力を持っていたのである。

酒川は、「考えよう、何とかしよう。文部省案もよく調べよう、その他の研究物もよく見よう、そして我々のものを打ち立てよう。」（前掲「一、学校経営と道徳教育」『考える学校』二頁、傍点・知本）と呼びかけている。酒川が大切にしたのは、上からの教育政策の押しつけに対して、文部省の考えも含めてしっかり学び、自分たちの理念と理論と実践を打ち立て、それを対置することであった。そこには、進みつつある教育の中央集権化に抗して、あくまでも一時間の教育内容に責任を持ち、受身ではない自立した研究と教育を打ち立てようとする民主的な教育者としての姿があった。

酒川は、佐渡の教育界とのかかわりで、「角度のそれた厄介者としてもてあまされるのであるまいか？」とその心情を吐露しているが（前掲「七月七日の日記から」四頁）、こうした酒川の姿勢は、周囲とのさまざまなあつれきを生んでいたことが予想される。しかし酒川は、「いいと信じて飛ぶことである。身投げのつもりで思い切りやることだ」と腹をくくっていた（前掲『道徳教育の随想』三五頁）。それは酒川が、「どうせ大したことは出来ないのだから無明の闇を進めばいいのだ。ただ一つの願いを持して祈る気持ちで」と（同前、三六頁）、自分を捨て未来を見据えていたからである。敗戦後教育者として、戦後の無明の闇の中を、求道者のように歩んできた酒川の自負が、ここにある。

ところで、夏期大学で羽茂村に来た際の池田太郎から聞いた話として、京都時代の酒川に関するこんな証言が残されている。京都帝大の某文学博士が、公の席上で、酒川は「人間として、教育者としてたえず眞實をもとめて止まぬ求道の人」であり「おそろしい友」である、と紹介したというのである（「東西南北 佐渡羽茂村 大崎分教場」（笠井永吉記）高田教育研究会『教育創造』第二巻 第一一号、四二・四三頁）。この文学博士は、酒川と池田との交友関係からすると、京都大学教授の木村素衛ではないかと思われる。酒川が、どのような存在として認められていたのかを考えさせる、興味深い話である。教育の求道者としての酒川の根は、戦前と戦時下の厳しい教育状況のもと京都で鍛えられ、戦後佐渡で、深く根を張っていったのである。

【注】

（一）一九五四年、新潟県教職員組合編、新潟県学校生活協同組合発行の『新潟県の教育―第三回教育研究大

会―』中「第八分科会　平和と生産のための教育の具体的展開」の参加者名簿に、佐渡支部代表として近松行雄(二見中学校長)とともに、酒川の名前が見える。分科会出席者三一名中校長は三名であった。佐渡支部からの、「校長は保守的になり易い。甲側の会議にはいつもまじめに出るが、こうした真剣な組合主催の研究大会に出て来るような熱意をもちあわせていない校長が多い」(同『新潟県の教育』四二七頁)という発言が紹介されている。

【引用・参考文献】

・鶴見和子『内発的発展論の展開』筑摩書房、一九九六(鶴見1、二一三頁)。尚引用されている市井三郎の論は、市井著『歴史の進歩とは何か』(岩波新書、一九七一)中の一四八頁注(八)による。
・稲垣忠彦「第八章　戦後史の中の教師」日本教師教育学会編『講座　教師教育学Ⅲ　教師として生きる―教師の力量形成とその支援を考える』学文社、二〇〇二。(稲垣、一五五頁)

二　戦後教育史の中の酒川哲保

酒川と同時代を生きた代表的な教育実践家に、無着成恭(一九二七―現在、以下無着)と東井義雄(一九一二―一九九一、以下東井)がいる。二人を世に知らしめたのは、『山びこ学校』(一九五一)と、『村を育てる学力』(一九五七)という教育実践の記録である。三人に共通しているのは、無着と東井は山形と兵庫の山村の、そして酒川は離島の僻村の出身であり、いずれも師範学校を卒業していることである。加えて、無着は禅宗、東井は浄土真宗の寺の出であった。酒川の一一年後に東井が、東井の一五年後に無着が生を享けている。酒川は、大正デモクラシーの時代に、東井は戦争の時代に、そして無着は戦後民主主義の時代に青春時代を送り、それぞれに時代の洗礼を受けた。一世代以上離れたこの三人が、敗戦から一九五〇年代にかけ、故郷の又はそれに近い僻村で地域教育実践に情熱を燃やしたのである。

酒川が琴浦で青年たちと地域開発に取り組んでいたころ、無着の『山びこ学校』が一世を風《ふう》靡《び》した。そして酒川は、東井が『村を育てる学力』を世に問うた翌年、『学習研究』誌上に「地域に立つ教育」を書き、その二年後に教職を退いた。ここで、無着と東井という戦後を代表する二人の教育実践家と酒川を比較して論ずることはできない。力不足であり、その任にもない。しかし、戦後の地域教育史の中に酒川哲保という教師を置いたとき、どうしても考えておきたいことがあった。それは、地域と学校、そして教師との関係についてである。独断のそしりは免れそうもないが、一つの論稿「第一章　「山びこ学校」と「村を育てる学力」―ある戦後史―」（西川長夫 中原章雄編『戦後価値の再検討　講座 現代日本社会の構造変化⑥』有斐閣、一九八六、以下「ある戦後史」）を手がかりに、考えてみたい。

二つの実践は、一般的に、戦後の「生活綴り方」運動の「出発点となった『山びこ学校』と、その運動の最高の到達点となった『村を育てる学力』」という位置づけがなされてきた（「ある戦後史」三三頁)。まず、無着の『山びこ学校』である。無着の実践は、「教室の中でのみ成功していたのであって、村民の意識の変革にまではいたらず、村と対立と緊張の関係にあったのが正直のところであったようである」(同前、三六頁)と、地域の中で認知されなかった限界が指摘されている。同著は、ベストセラーになり映画化もされたが、村では「無着は村をくいものにした」という心ない噂さえ流れた(佐野眞一『遠い「山びこ」―無着成恭と教え子たちの四十年―』新潮文庫、二〇〇五、二六九頁)。そして無着は、山元村の住民とともに、地域の教育課題を解決するという関係を築くことのないまま、六年の勤務を経て東京の大学に旅立ったのである。

無着を生活綴り方教育に導いた児童文学者の須藤克三(一九〇六―一九八二)は、「無着はたしかに、子供たちに大きな夢を与えた。しかし、僕にしても無着にしても、結局は、農業というものがわからなかった。それが彼を山元村から去らせる、最大の理由だった」(同前、四一九・四二〇頁)と証言している。『山びこ学校』の正統な後継者と目されていた教え子の佐藤藤三郎(一九三五―現在)も、『山びこ学校』の精神を引き継ぎながら、生活改善運動などを通して世の中の仕組みと取り組んでいくにしても、山村の暮らしを良くするためには、「例えば、農業技術をもっと高めて行くことによって、もっと高い農民の集団、農民としての自覚ができるんじゃないか」と、考えるようになっていた(「『山びこ学校』子弟対談　無着成恭・佐藤藤三郎」『朝日ジャーナル』一九五九年三月、一九頁)。それは同時に、山びこの生徒たちに、そうした現実に対応する学力を身に付け、将来の生き方への方向を示すことがなかった無着の教育に対する、不信の裏返しでもあった。

一方東井の『村を育てる学力』については、「無着のように子供の純粋な眼を使って村を批判し、村と対峙するのではなく、東井は、子供への『愛』を手がかりに、子供のかけがえのない味方である『親』へ、そして子どもの育つ『村』へと接近してゆき、『村』や『親』を敵としてではなく『味方』として運命共同体的連環のなかにとらえなおして」いった、と高く評価した（前掲「ある戦後史」四〇頁）。

『山びこ学校』も『村を育てる学力』も、子どもを真ん中に置きながら、学校（教師）が家庭や地域（村）と願いや悩みを共有し、共に解決しようとした教育実践であることに疑いはない。しかし同時に、そこでは、学校（教師）と家庭と地域の結び方がどうであったのか、が問われていた。東井は、文集『土生《はぶ》が丘』の発行を通して、子ども同士親同士がつながり、地域全体で問題に取り組む場をつくるなど、地域と学校をつなぐ教育実践を展開した。東井は、「村の教師には、日本の底辺を支える農民の心の襞《ひだ》にまでわけいる感受性と庶民への共感がなくてはならない」と考えていたのである（同前）。

無着は六年で村を後にしたが、東井は、『村を育てる学力』の舞台となった相田小学校に一四年間勤めた。無着には、東井や酒川が築いていたほどの地域とのつながりも信頼関係もなかったであろう。新任教師の無着は、理想と情熱の赴くままに、子供たちと生活綴り方の世界を築いていった。そして、思いも掛けず時代の脚光をあびる中で、駆け抜けるしかなかったのである。青年教師である無着にとって、翻弄《ほんろう》される日々ではなかったか。その結果、無着は故郷を後にした。しかしそれは、さまざまな評価とは別のところでなされた、無着にとってかけがえのない人生の選択であった。

さてこうして見てくると、酒川の実践は東井の実践との親和性が強くうかがえる。しかし酒川の羽茂村での教育実践は、東井の実践と質を異にする。まず一九五〇年代の羽茂村の地域教育実践は、敗戦後の地域文化運動の上に展開されたことである。酒川は、文化運動を主導することで、村の学びと文化的な土壌を耕すとともに、村では押しも押されもせぬ教育と文化的な指導者としての地位を確立していた。この時期東井が、自らの戦争責任を問う中で、文章を発表することも含め表立った言動を控えていたのとは対照的である。また東井は、文集の発行を通し親や地域とつながっていったが、羽茂村では、母の会読書会のように、子育てに悩む母親たちによって学びの場がつくられ、それを酒川たち教師集団と行政が支えるという経緯をたどった。

無着と東井は生活綴り方教育を通して日本の地肌に触れる教育を展開したが、酒川は、常に地域の現実と向き合い、青年や母親を中心とする地域住民と語り合い学び合う場を創り出しながら、正に地域に根ざした教育を展開してきたのである。

また、羽茂村が戦前村立の農学校を設立し、村の中に戦後いち早く六・三・三制の教育体制を確立したことの意味は大きい。すでに見たように、一九五九年度の羽茂中学校の高校進学率は八五％であり、内九一％が羽茂高校に進んだ。酒川が言う通り、羽茂村では幼・小・中と子どもを育て、高で仕上げてもらう体制が出来ていた。東井が言う『村を育てる学力』を身に付けていたのである。相田小学校の学区である一九五四年の合橋中学校の高校進学率は、約二〇％（男子約三〇％、女子約一一％）である（木村元「学校化社会への過渡的様態としての『村を育てる学力』──その土壌と葛藤──」『〈教育と社会〉研究第二二号』二〇一二、四一頁）。同じ年の羽茂中学校の高校進学率は七八％（男子八二％、女子七四％）（『羽茂中学校学事報告綴』南佐渡中学校所蔵）であり、その差は歴然である。無着の『山びこ学校』との決定的な違いもここにあった。『山びこ学校』の卒業生四二人中、高校進学者はわずか四名であった（前掲『遠いやまびこ』一六五頁）。

山元村の現実は、無着という類いまれなる生活綴り方の実践家により『山びこ学校』を生む土壌となったが、村が、その後農業後継者として佐藤藤三郎らを育てる教育的・社会的条件を備えていたわけではない。また酒川は、地域文化運動と大崎分教場の地域教育実践を通し、農村教師としての力と姿勢を身に付けていったが、無着にはそれがなかった。『山びこ学校』は、村の現実に深く食い込みながらも、結果として村の現実から浮き上がっていったのである。その背景には、羽茂村と山元村の間に、無着の生活綴り方教師としての資質に還元《かんげん》できない、戦前から戦後にかけて積み上げてきた地域の教育的文化的基盤の違いがあったと見るべきであろう。

戦後を代表する教育実践家である無着成恭も東井義雄も斎藤喜博も、地方の農村で格闘した実践家であった。このことは、記憶しておいていいことである。しかし同じこの時期、酒川のように、多くの無名の教師たちが、日本の各地でその土地の状況と歩みに応じたさまざまな地域教育実践を展開していたはずである。地域（村）に生き、人を育て、地域（村）の未来をつくり出そうした教師たちである。（一）地域（村）が変わらなければ、日本は変わりようがなかった。そこでは、どのような豊かな教育実践が生まれていたのか。そして、中央からさまざまに教育施策や教育思潮がもたらされる中で、地域はどこで踏ん張り、何を対置しようとしたのか。

そうした実践の実相が明らかにされるとき、一九六〇年代後半以降の「地域に根ざす教育」につながる、隠されていた一九五〇年代後半の「地域に根ざす教育」の姿が見えてくるはずである。そこには、これからの地域と教育への知恵とメッセージが込められている。

【注】

（一）戦後のコミュニティースクール（地域社会学校）の考え方に大きな影響を与えたのが、エドワード・G・オルゼンの『学校と地域社会』である（訳者 宗像誠也他、一九五〇、小学館）。オルゼンは、「児童は環境全体に拠って教育される全人である」との考えのもと、学校は、その環境全体と関連づけて教育をすることが必要であると考えていた（同著、四九四頁）。そしてそのために、一〇の教師の資質を挙げている。スローガン的に記述した箇所を記しておく。「一、諸君の地域を知れ！」「二、諸君のまわりの人を知れ！」「三、交際を広めよ！」「四、団体と接触せよ！」「資料を利用せよ！」「公衆の前に顔を出せ！」「七、他の人たちと一緒に仕事せよ！」「八、客観的であれ！」「九、諸君の生徒を知れ！」「一〇、真の市民となれ！」（同著五二六〜五二八頁）。まるで、酒川の存在を念頭に置いて書かれたかのようである。

終章　希望としての共同体

一　希望としての共同体

ローカルアイデンティティ

羽茂村は、一九三〇年代から一九五〇年代にかけて、地域の中に、戦前の村立農学校設立から戦後の地域文化運動、そして一九五〇年代の全村教育を通し、時代通貫的に、人を育てることを通し村をつくる、文化的で教育的な構造をつくりあげてきた。戦前農学校を出た世代は、戦後青年になり、親になり、酒川ら大正世代とつながっていった。しかも、時代的な積み上げばかりでなく、時期ごとに多様な学びの場をつくり出し、それを網の目のように広げることで、より豊かで地に足ついた学びの場に育て上げた。こうして、日本人にとって、最も大きな苦難と価値の転換を経験した時代に、羽茂村がつくり上げた文化的・教育的構造こそ、「村を育てる学びの共同体」（一）と言うべきものであった。

地域共同体は、さまざまな要素で成り立っている。「村を育てる学びの共同体」も、次に挙げるいくつかの要素を色濃くもっていた。

一つ目は、「生活完結体の村」の産業と教育と文化的風土の上に成り立つ農本的で内発的な学びの場としてつくられたことである。それは、村の青年たちが、世の中に出て一人前に生きる力を身に付ける場であった。

二つ目は、戦前に農学校をつくったことが、戦後いち早く村に六・三・三制を確立するベースになり、幼・小・中・高一貫した教育を展開する子育てのシステムをつくりあげたことである。学校と地域が一体になり、幼から中まで成長課題に即した子育てを行い、高校で農業と村を担う力を身に付けるという仕組みである。農学校は、普通科を置くことで、農業後継者の育成ばかりでなく、高度成長期以降の社会状況にも対応した。

三つ目は、学校教育を核にした教育と、地域につくられたさまざまな学びの場をつなぎ、重層的な学びのネットワークを創り出したことである。青年や母親はそうした学びの場に主体的に集い、村が直面する農業や教育の課題に向き合った。

四つ目は、戦前・戦時・戦後と、さまざまな要素を持つキー・パースンが常に存在したことである。彼らは、村の内と外をつないだ。青年とそうでない村人をつないだ。酒川は杉田や藤川を深く尊敬し、共に村をつくる先覚者として頼りにした。彼らは、村の風土と生活に溶け込み、その中で知性と先見性を鍛えながら村人とつながっていった。そして、村をより生きやすい場にするために、どうしたら新しい知見に満ちた学びの場をつくることができるか、に腐心《ふしん》した。

最後に五つ目は、村行政や地場産業の企業家たちとの協働の体制があったことである。農業立村の土台を築いた田川村長と、それを主導した農業技師の杉田。私財をなげうち、村立農学校の設立の中心になったまるだい味噌社長の瀬平。内地留学制度を立ち上げ、羽茂村の全村教育を支えた井桁ら民選の教育委員会。資金の面から、青年団の機関誌発行など、さまざまな文化活動や教育活動を支えたのもまた、味噌工場の経営者たちであった。

子どもを真ん中に置き、幼・小・中・高と一貫した子育てを軸に、村が主体的に創り出した学びのネットワーク、それが「学びの共同体」である。この「村を育てる学びの共同体」こそ、羽茂村の地域と教育の歴史がつくりだしたローカルアイデンティティ（「地域の個性」「地域の自分らしさ」、さらには「地域の強み」）である。それは、「地域に対する誇りの源泉」であり、この「ローカルアイデンティティを確認しあうことで、人と人とがつながり、協働は始まる」のである（玄田1、二〇一〇）。

自己のアイデンティティを確立する過程で、人は生きる力を獲得していくが、それは地域も同じである。羽茂地区のこれからを切り拓く力の源泉のひとつは、ここにあるだろう。食えない中で、村の未来を人を育てることに託し、村をつくろうとしてきた歩みへの、誇りと確信である。それは、羽茂村より早く町村立の中等教育機関を設立し、戦後地域文化運動に取り組んだ経緯を持つ他の佐渡の町村も同じである。

それから六〇年以上の歳月がたち、地域が直面する課題も、地域が持つ教育風土もさまざまである。これからの地域と教育を考える上で、この五つの特徴がすべて当てはまるわけではない。しかし、上から網をかけるかのような、理念と目標と組織化が先行した地域と教育に関わる施策と、羽茂村が創りだした「学びの共同体」の形成過程は、全く質を異にする。その意味で、「村を育てる学びの共同体」が示す地域共同体の特徴は、これからの地域と教育を考える上で、私達に大切な知恵とヒントを与えてくれる。

【注】

（一）「村を育てる学びの共同体」について、基本的な語句の意味についてまとめておく。まず「村」については、本書二五～三〇頁を御参照いただきたい。次に「学び」についてである。「教育は子どもが生活することになる社会環境（中略）に子どもを適応させることを目的とする営み」であり、「その営みを通じて社会は自らを再生産し、世代を越えて存続・発展していくことが可能となる」（藤田英典「学校改革序論1」『リーディングス 日本の教育と社会 第11巻 学校改革』監修 広田照幸、編著者 藤田英典・大桃敏行、日本図書センター、二〇一〇、三頁）。それに対して「学び」は、その「教育」を通して獲得した知見や技能を生かしながら、自らの生産と生活そして文化性を高めるために、より主体的に対象に関わろうとする知的な営みである。地域は、学校という「教育」の場を核としながら、そうした多様な「学び」の場を形成することで成り立ってきた。最後に、「共同体」である。村における地域共同体は、農業労働と結びついて成立する。水利の共同管理や、祭り、年中行事などの基礎単位である。そして地域共同体は、農業において近代的な「生産共同体」となることで、生活の場としての役割を果たしてきた。石原俊は、離島の村落共同体を論じる中で、「だが、離島社会が『親島』の資本に（間接的に）包摂される過程で、島内資本に蓄積がおこるほどの生産体制を構築するには、村落共同体＝コミューン的自治が生産共同体＝アソシエーション的自治に再組織化されなければならない」（石原俊「〈島〉をめぐる方法の苦闘 同時代史とわたりあう宮本常一」『現代思想 11月臨時増刊号 総特集 宮本常一』、二〇一一、一四七頁）と指摘している。その「生産共同体」を支えるものこそ、文化や教育を通し人を育てることである。その意味で、人を育てることで地域共同体は成り立ってきたのである。

【引用・参考文献】

・玄田有史『希望のつくり方』岩波新書、二〇一〇（玄田1、一八一頁）

再び「村を育てる学力」と「学びの共同体」に学ぶ

言うまでもなく、「村を育てる学びの共同体」は、東井義雄（以下東井）の著書『村を育てる学力』（『東井義雄著作集1 村を育てる学力他』明治図書出版、一九七二、初出は同社から一九五七年に出版、以下『村を育てる学力』）の「村を育てる」と、教育学者の佐藤学（以下佐藤）が提唱し、現在学校改革として展開されている「学びの共同体」論と同義ではない。ましてや、二つを合体させてつくった造語でもない。羽茂村の地域教育の歩みを踏まえた独自の概念である。しかし、『村を育てる学力』が出された一九五〇年代後半は、羽茂村で酒川を中心に全村教育が展開された時期である。また、「学びの共同体」論は、羽茂村の「村を育てる学びの共同体」にとって、示唆に富んでいる。

まず、東井の『村を育てる学力』である。東井は、村の子どもに学力を付けるというとき、「村の子どもが、村には見切りをつけて、都市の空に希望を描いて学ぶ、というのでは、あまりにみじめすぎる」し、それでは出発点からして、「『村を捨てる学力』になってしまう」のではないかと考えていた。そんな東井の願いは、「何とかして、学習の基盤に、この国土や社会に対する『愛』を据えつけておきたい」ということであった。そのためには、「『村を捨てる学力』ではなく『村を育てる学力』」を育てる必要があった（『村を育てる学力』二三頁）。東井はそれを、「ふるさとのあるかしこさ」と表現している（「あとがき」同前、二〇五頁）。

また東井は、子どもたちを「全部村にひきとめておくべきだなどと考えているのでは」なかった。「村を育てる学力」のように、「みじめな村をさへも見捨てず、愛し、育て得るような、主体性をもった学力なら、進学や就職だってのり越えるだろうし、たとえ失敗したところで、一生をだいなしにするような生き方はしないだろうし、村におれば村で、町におれば町で、その生まれがいを発揮してくれるにちがいない」と考えていたのである（同前、二三頁）。「村を育てる学力」は、村への「愛」に根ざした「ふるさとのあるかしこさ」を身に付けた子どもを育てることを通し、村のしあわせを願う学力であった。それは同時に、村を出ても生き甲斐のある人生を切りひらく力でもあった。羽茂村の「村を育てる学びの共同体」は、「ふるさとのあるかしこさ」を身につけた子どもを育てたいという東井の願いを共有している。

さて学力は、子どもたちの生きる力そのものである。地域を問わず、時代を問わず、深く豊かな学力を身に付けることが、学校教育固有の役割であることに変わりはない。地域（村）に残る者にも、地域（村）を出る者にもそうである。そして今大切なことは、これからを生きる子どもたちにとって、真に糧になる学力とは何なのか、である。時代の転換期にあって東井がそうしたように、私たちも考えなくてはならない。

総合的な学習は、子どもたちに「ふるさとのあるかしこさ」を身に付ける大きな可能性をもっていた。しかし、まさに総合という言葉が示す学習を展開するに足るだけの条件が保障されないまま、そして、学力論としても十分に深められることのないまま、尻すぼみの状況に陥っている。今、地域で、人と自然、人と人のかかわりを通した新たな生き方を模索する若者が増えている。「ふるさとのあるかしこさ」という「村を育てる学力」は、今日的な意味を帯びているのである。例えば、「グローカル」という言葉が含意するものは、「ふるさとのあるかしこさ」に通じる。六〇年余を経て、東井の『村を育てる学力』は、今改めて読み直されるべき時期を迎えているのではないだろうか。その意味で、学力向上のかけ声のもと、数値化された学力が一人歩きするが如き一部教育行政の姿勢は、問われなければならない。教育の名のもとに、そんなことをしている余裕などないはずである。

次に、佐藤学の「学びの共同体」についてである。佐藤は、「『教育の公共性』を根本原理として、「異質な人びとの共同体が交流し合う公共空間に学校教育の存立基盤」を求めた。そして、

「民主主義の発展に貢献する実践的・文化的共同体の構築」を学校教育の使命とした。こうして佐藤は、学校を「地域の文化と教育のセンター」として構想し、「子どもたちが学び合う共同体、教師たちが専門家として育ち合う共同体、地域の人びとが異質な文化を交歓し合う共同体として、学校を再構築する改革を推進」した（佐藤1、一九九六）。佐藤にとって学校教育は、「教師を中心に親と市民が協力して築きあう、協同の公共的な事業」であった（佐藤2、同前、傍点・知本）。共同体の原理を基礎とする学校改革である。

「村を育てる学びの共同体」は、こうした佐藤が構想した「学びの共同体」の一つの姿であるとも言える。本書が追ったのは、このうちの保護者や市民の「学びの共同体」である。現在「学びの共同体」の学校改革は、教室の共同的な学び（「学び合い」）と職員室における教師の共同体の構築（同僚性）を中心に展開されている。佐藤自身が言うように、本書にかかわる「保護者や市民の学びの共同体の実現は、教師や子どもの学びの共同体の実現よりも立ち後れているのが実態」である（佐藤3、二〇一二）。

しかし佐藤は、一九九〇年代半ば、本格的に「学びの共同体」の学校改革に着手したころ、「保護者と市民の学びの共同体」の形成を意図した実践の成果を世に問うている。当時のモデル校とされる新潟県長岡市立長岡南中学校の実践をまとめた著書の題名は、『地域と共に〝学校文化〟を立ち上げる』（佐藤学　新潟県長岡市立長岡南中学校編著、二〇〇二、明治図書）である。「学びの共同体」の歩みの中で、「保護者と市民の学びの共同体」づくりは早くから取り組まれていたのである。

子どもを真ん中に、学校の学びの共同体と、保護者と市民の学び共同体が、歯車のようにかみ合いながら進むことができるなら、理想的である。しかし、それが思うようにいかないのには、この間教育現場が抱えてきた、それ相当の理由があるのだと思う。

教育には、どこまでで良いという限りがない。教師は誠実である。目の前の子どもたちの成長にとって良かれと思うことには、ギリギリまで応えようとする。これ以上盛り込めないというところへ、英語と道徳が矢継ぎ早に教科化され、もう勘弁してくれと思っても、明日来る一時間を迎えるために可能な限りの準備をする。学力向上と言われれば、打つ手に限りはないかのごとくである。新しい取り組みには、研修と会議がセットである。熱心な先生は、自腹を切ってでも研修の場を求めて外に出る。日々生活ノートに赤ペンを入れ、給食と清掃の指導をし、学級だよりの準備をする。生徒指導と親への対応は待ったなし。期限が切られた、調査や報告も待ってはくれない。こうして、学校の時間は埋まっていく。そして気が付けば、一番大切な子どもたちとの時間と、授業の準備をする教材研究の時間は残されていない。こうして教師たちは、学校での長時間労働と家庭への持ち帰り残業に向う。家庭の時間もまた、学校の時間で埋まっていく。

「地域と教育」は、今こうした教育の場に置かれている。地域教育コーディネーターを配置したのはせめてもの策であるが、「地域と教育」という学校教育の本質に関わる教育活動を展開するには、人と金と、何よりも時間が絶対的に足りていない。地域との連携は、手間がかかるのである。中学校にあっては、そもそも部活動の指導がある限り、教師が地域に出て人とかかわり教材を発掘することなど、物理的に無理である。かつて、オルゼンが描いたコミュニティースクールを担う教師像など、現実には望むべくもない（「戦後教育史の中の酒川哲保」中の注を参照のこと）。

また、教育の成果はすぐには出てこない。数値化された成果は、次の改善に向けた糸口とひとつの問題提起にはなるだろう。しかし不幸なことは、教育の成果（とりわけ数値に現れた学力）をめぐり、保護者・地域と学校、校長と教師、教育委員会と学校、県の教育長と市町村の教育長との間に評価する側とされる側というピラミッド的な関係構造ができあがってしまったことである。そのてっぺんには、教育長を叱咤《しった》する首長がいたりする。なぜか時期を同じくして湧きあがったマスコミの教師批判も、この関係性を後押しする世論を喚起した。親と地域にとって、教師はとうの昔に尊重される存在ではなくなっていた。

教育における評価自体を否定するものではない。しかし、ここで示したような評価する・評価されるというある種権力的な関係性は、学校と地域と行政が、教育の公共的空間として互いに開き合い結び合うという関係とは相容れない。こうした評価の先には、評価する側から評価される側への「何とかしろ」という要求がある。多忙な現場で、それでも誠実に課題に向き合おうとする教師は、心を閉ざすしかなくなる。

では、どう考えたらよいのか。佐藤が言うように、教育は地域と「協働の公共的事業」である。今、あらためて「公共」の意味が問われているのである。

【引用・参考文献】

・佐藤学「学びの場としての学校―現代社会のディスクール」、佐伯胖 藤田英典 佐藤学 編『シリーズ学びと文化6 学び合う共同体』東京大学出版会、一九九六（佐藤1、九一頁）（佐藤2、九三頁）
・佐藤学『学校を改革する―学びの共同体の構想と実践』岩波ブックレットNo.八四二、岩波書店、二〇一二（佐藤3、四七頁）

希望としての共同体

現在は、孤育ての時代と言われる。一九六〇年代以降の地域共同体の崩壊に伴い、それまで地域（村）が担ってきた子どもを育てる人間的な連帯が失われた。それ以降、さまざまな負の要素を付け加えながら、孤独な子育ての時代は現在に至っている。一九六〇年代、こうした状況にいち早く警鐘を鳴らしたのが、教育学者の大田堯である。日本には昔から、「子は天からの授かりもの」という考え方があった。子育ては親の私事ではない。それは、天から親の元に授かった子どもを明日の人類の担い手として育てるための、「大人世代みんなに責任のあるいわば総がかりの事業だ」と、大田は考えていた。そして地域とは、「人間発達の社会的胎盤」であり、子育ての「土俵そのもの」であった。大田は、地域の中で、子どもの発達を真ん中に置いた現代の「人垣」を創りだすことに、歴史を拓く手応えを見だそうとしていた（大田3、一九八九）。

また、思想家の内田樹は、「先行世代から受け継いだものを後世世代に引き継いでゆく、そういう垂直系列の統合軸をもった相互扶助・相互支援的な共同体」が、「たとえ局所的にではあれ再建されなければならない」として、自身も「凱風館」という道場を主宰している。そして、「その共同体の最優先の課題は、子供を育てること、若者たちの成熟を支援すること」であり、「そういう教化的な組織、教育共同体が、私塾のようなかたちで日本の各地に、さまざまな教育目標を掲げてこれから出てくるだろう」と予測している（内田、二〇一七）。

大田のいう「人垣」も、内田のいう「教育共同体」も、現代に求められる「公共」としての地域と教育の姿である。現在それは、子供食堂や地域文庫、公的な子育ての場や伝統的な文化の継承の場まで、さまざまなかたちをとりながら模索されている。実は、羽茂村がつくり出した「村を育てる学びの共同体」も、一九五〇年代における「公共」としての地域と教育の姿だったのではないか。それは、子育てを真ん中に置いたケアと学びと文化を継承する希望としての共同体である。

都市と地方とを問わず、子どもは地域の確かな希望である。地域の中で、子どもの存在こそが未来に開かれているからだ。希望は、困難を生き抜くための「未来に挑む原動力」である（玄田2、二〇一〇）。だからこそ、そのための「保育や就学施設の充実の他、子どもを社会全体で育てる環境づくりを進めることが、希望を持てる社会づくりの第一歩」なのである（玄田3、同前）。

その希望さえも格差の中に置いているのが、現代社会である。しかし、だからこそ、私たちは子どもに希望を持つのである。戦前・戦時・戦後と日本が最も大きな困難を抱えた時代に、地域（村）で人を育て、地域（村）の未来を切り拓こうとした羽茂村の歩みに学びたい。また、新潟県の長岡市には、「米百俵」という地域づくりの時代精神が継承されている。長岡は、戊辰戦争と長岡空襲で二度廃墟となった。そこから立ち上がり、未来に望む原動力になったものこそ、教育第一主義の精神であった。羽茂村も長岡も、絶望の時代に、未来の羽茂と長岡を担う子どもに希望を託したのである。

二 「村を育てる学びの共同体」から

本書は、一九五〇年代の、しかも離島の農村が創り出した、ある種共和的な地域共同体のあり方を、理想として描き出そうとしたわけではない。そこには、失われた昭和という時代へのノスタルジーもない。あるのは、一九三〇年代から一九五〇年代という時代の転換期における地域と教育の歩みであり、羽茂村が創り出した「村を育てる学びの共同体」の実相である。それは、地域の歴史的事実に込められた知恵と希望の「物語」である。

ここで、「村を育てる学びの共同体」が、現代の地域と教育に伝えようとした知恵とは何か、について考えておきたい。

内発的な学びの場

六〇余年前、羽茂村の母親たちは、まず親がかしこくならなければ、そして自分の子も他の子も良くならなければ学級は変わらないと考えて、読書会を立ち上げた。学校が何をしてくれるかではない。自分たちが何をすべきか、を考えたのである。そこでは、子どもの成長と自己の成長がひとつのものとして自覚されていた。そして、母親たちは、子育てについて学び合うことを通し、母親としてのアイデンティティをつくっていったのである。それは母親として、何よりの幸せであっただろう。その後母の会読書会は、幼・小・中・高母の会研修会へと発展した。子どもを育てる現代の「人垣」として、地域に根ざす内発的な学びの場がつくられたのである。

今日、学校教育で何よりの力になるのは、親たちが、地域に、子育ての悩みを分かち合い、子育てについて学び合い、支え合う場を持つことである。家庭と地域は、子どもを育てる土台であり、学校教育はその柱である。そこに生まれる子育ての空間は、子どもを真ん中にして、学校と家庭・地域が互いに支え合う関係の上に成り立っている。しかし、学校がそうであるように、今親には、自分たちで子育ての悩みを愚痴る場を持つ余力さへもないというのが、現実であろう。しかし、であればこそ、まずは親である。親が動き出さないことには、何も始まらない。子どもを真ん中に置いた内発的な学びの場には、地域の希望がある。子どもへの愛に根ざした学びの場は、親たちの主体性と持続性を引き出す源泉であり、さまざまな人と人をつなぐ交差点である。羽茂村の母親たちは、一年を通した農作業の合間に、学びながら動き、動きながらつながっていった。それは、一九五〇年代の農村で、母親が村の主人公として生きる姿そのものであった。

新しい共通の結びつきを創り出す場

鶴見和子によれば、地域とは、「定住者と漂泊者と一時漂泊者とが、相互作用することによって、新しい共通の紐帯《ちゅうたい》を創り出す可能性をもった場所」であり、その漂泊者は、「異質な情報、価値、思想等の伝播者」としての役割を果たしてきたと言う（鶴見2、一九八九）。一時漂泊者は、現在のUターンであろうが、漂白の期間や定住地にもどった経緯も含めて幅が広く多様である。ある年齢以上を除き、厳密な意味での定住者は少ないし、それは年々減ってきている。また定住者には、漂泊者が定住者となった現在でいうところのIターンも含まれる。

羽茂村で見ると、酒川は、漂白期間の長い一時漂泊者であり、藤川は、定住期間の短い漂泊者である。庵原は、短い漂白期間をもつ定住者である。また、瀬平は定住者であるが、味噌工場の経営者として、常に目は外に開かれていた。杉田は、今でいうIターンであり、藤崎誠一や宮本常一は、漂泊者である。かように、村を行き交い織りなす人間模様は、多様で豊かである。しかし大切なことは、それがどうつながるかであった。戦後の文化運動や公民館活動を見ても、酒川を芯に、文化面で藤川が、農業生産の面で杉田が支え、それを藤崎や宮本がサポートした。一時漂泊者と漂泊者と定住者のみごとなつながりである。「村を育てる学びの共同体」は、地域に、こうした新しい共通の結びつきを創り出すことで生まれたのである。

近代の佐渡は、すすんだ本土との一体化と、一島・一国としての自立という葛藤の中で、自己を形成してきた島である。島は、外からもたらされた産業や文化や教育をどう島の風土の中に取り入れ、練り直し、佐渡独自のものとして創り出すか、を模索してきた。羽茂村の歩みも、こうした佐渡の歩みに重なる。その時、常に問われたのが、定住者と一時漂泊者と漂泊者が相互に作用して創り出す、新しいつながりの可能性であった。定住者と一時漂泊者と漂泊者とがそれぞれの持ち味を生かしながらつながったとき、内発的な学びの場はより豊かに広がっていく。

しかしこの三者は、それぞれに異なった旅を生きてきた異質の存在である。つながるための葛藤は避けられない。酒川たちの時代も現在もそうである。つながるためには、何かが必要であった。

反省的な学びの場

さて、宮本常一にとって、佐渡は頻繁に足を運んだところである。中でも、羽茂町や小木町へ繰り返し訪れた(一)。青年を育て、柿の主産地化に取り組んでいた羽茂町は、宮本にとって、離島のこれからを考える上で特別な場所であった(二)。また、小木町は、宮本の指導で、廃校になった宿根木小学校（かつて酒川が校長を務めていた小学校）に民俗博物館をつくっていた。こうした地域づくりをすすめる際宮本が大切にしたのは、「地域の芯」と、「反省」ということである。宮本は、地域では「芯になる人と芯になるもの」を通して、「外からどういうつながりを持つか」が大切であり、「そのときに初めて、お互いの大きな反省が起こって来るのではないか」と考えていた（宮本常一「第四章　離島の生活と文化」初出『地域開発』一九六二、『日本人のくらしと文化　炉辺夜話』河出文庫、二〇一三、一三七頁、傍点・知本）。そこには、漂泊者として島の外から離島の町に入ってきた宮本の実感が込められている。

　羽茂村にとっての芯は酒川であり、芯になる場は、夏期大学や母の会読書会であった。酒川は村を外に開き、一流の漂泊者を夏期大学に招いた。また、内地留学などを通して、青年や教師を外の学びへとつなぎ、一時漂泊者としての経験を積ませた。教師と青年、そして母親にとって、それは新しい価値や本質的な情報に触れることを通し、自身の在り方に対して大きな反省を呼び起こす学びの場であっただろう。そして、だれよりも酒川自身が、すすんだ考え方と地域の現実とのあいだで反省的に学び、自らを鍛える人であった。羽茂と最も深いかかわりを持った漂泊者である藤崎盛一と宮本常一は、定住者である杉田清と羽茂村の村づくりを通し、自らの農業指導や地域づくりの在り方を反省的に学んでいたに違いない。こうして、人を育てる場としての「学びの共同体」は高められていったのである。

鶴見が言う「新しい紐帯《ちゅうたい》を創り出す可能性を持った場所」とは、宮本が言う反省的な学びの場であると思う。定住者も漂白者も一時漂泊者も、互いの存在を受け止め、互いの考えに学び、反省的に自己を振り返ることで、初めてつながることができたのである。

子どもを真ん中に置いた協働の場

戦前、中等教育機関の必要性を痛感していた羽茂村は、村一丸となり、身を削りながら村立の農学校を設立した。戦後の羽茂村には、村に居ながらにして六・三・三制の教育が受けられる体制が整っていたのである。一九五〇年代には、民選の教育委員会のもと、内地留学制度や村独自の指導主事制度を立ち上げた。教師を育てることは、子どもを育て親を育てることであった。それは、教育行政と地域と学校が、協働して人を育てるための施策であった。母親たちは、読書会や地域懇談会の場で、内地留学で力を付けてきた教師たちに相談し指導を受けることを通し、教師を育てた教育行政への信頼を高めていった。そして何よりも、子どもの変容がその確信を高めた。

しかし今日、こうした子どもを真ん中に置いた協働の場が新鮮に映るのは、不幸なことである。教育行政の第一義的な役割は、教育条件の整備である。それは、未来と希望への投資である。羽茂村にとって、「柿づくりは人づくり」であった。一九三〇年代に植えられた柿の木は、一九三〇年代につくられた農学校を出た若者の成長とともに育ち、戦後実ったのである。羽茂は、現在新潟県の特産おけさ柿の中核産地である。

巷間知られているように、経済協力開発機構（ＯＥＣＤ）加盟三四ヶ国のうち、教育公的資金支出の割合は、日本が最低である（「日本の教育公的支出は最低」『日本経済新聞』二〇一八年九月一二日他）。だからといって、教育にかかる経費が安いわけではない。それは、大学・短大で二・六人に一人が奨学金を借り、一人当たり平均二三七万（無利子・五〇万人）から三四三万（ゆるい有利子・八一万人）の奨学金という名の借金を抱えて卒業し、社会に出ているという現実が物語っている。過去五年間で、延べ一五〇〇〇人の奨学金自己破産を生み、本人ばかりか、連帯保証人の家族や親戚などにも及んでいる実態がある（「奨学金破産、過去五年で延べ一五〇〇〇人　親子連鎖広がる」朝日新聞デジタル、二〇一八年二月一二日）。大学卒業後借金の返済を抱え、仮に非正規の会社や賃金の低い職場に入ったとして、そんな若者に、結婚して家庭を持ち子どもを育てましょうと言えるだろうか。残念ながら、今の政治と教育行政の目が、子どもとその未来に向けられていないことだけは確かである。しかし果たして、子どもの未来を描けないところに、国の未来を描けるのだろうか。

今の学校現場には、地域、道徳、英語と矢継ぎ早に上から降ろされてくる教育要求に応え得るだけの、人もお金も時間も保障されていない。あるのは、可能な限りそれに応えようとしている現場と教師の誠実さである。一日の学校は、超詰め込みの教育列車のようである。残念ながら、教師が地域に入り、主体的に地域と学校教育とのかかわりを創り出す条件はない。たとえ地域教育コーディネーターが必要な準備をしても、それを教育の中身として構成するのは教師である。その時教師には、地域と教育を担うに足る資質を身に付けることも求められるだろう。地域は生きている。データベースでもらって済むようなものではない。地域に出、人に会い、文化に触れ、生産の現場に立ち、資料を掘り起こす。家庭を訪ね、地域の懇談会に出て親と膝をつき合わせる。時には、親たちの学びの場で、教育のプロとしての役割を果たす。そうした過程そのものが教師を地域の教師として育てる。人と人のつながりは、動くことでしか得られない。しかし繰り返すが、今教師にその条件はない。

約七〇年前、コミュニティースクールを提唱したオルゼンは、行政に対してこう言い切っている。「公立学校制度は、行政的な赤テープを切断して、学校及び地域社会における創造的な共同作業に従事できるよう、教師の時間を解放してやる必要があるであろう」と（エドワード・G・オルゼン：訳者 宗像誠也『学校と地域社会』一九五〇、小学館、五二九頁）。「行政的な赤テープ」が何を意味するのか、具体的には分からない。しかし、オルゼンが言うように、教師の時間の解放なくして、地域での創造的な活動への参加などあり得ないのである。それは、昔も今も変わりはないのだ。

学校や地域の状況を十分に考慮せず、一律に教育施策として、学校と連携した地域と教育の取り組みを推進するには無理がある。地域と連携した教育については、手を挙げた学校や地域の特色ある教育活動として、十分な人と金を付けるのである。地域教育コーディネーターの増員と待遇改善、及び地域との連携教育を担う専任教師の養成と配置は、必須の条件である。せっかちな報告や早急な成果を求めることも止めたい。「地域と教育」は、特に時間がかかることを肝に銘じたい。羽茂村の三〇年の歩みを見れば、そのことは明らかだ。

あらためて、教育行政の目が何処に向いているのか、が問われている。羽茂村の民選の教育委員会の目は、一に子どもと、それを守り育てる親や教師に向けられていた。子どもを真ん中に置いた行政と学校と地域の協働の場なくして、地域の希望としての子どもを育てることは出来ないのである。

三 「新しいふるさと」

私は、地方に、現代の希望を手放しで語る立場にもない。「東京で起こっていることは地方でも起こっている」のであり、「格差の拡大や貧困の増大、地域コミュニティの衰退、地域文化のグローバル化といった現象」は、地方の問題でもある（阿部1、二〇一八）。格差や貧困は、地縁や血縁という人間関係に組み込まれることで、都市とは又違った深刻な重さをもっている（阿部2、同前）。そこには、取りあえず自分や自分の家族に向き合えば良いという、二三男的な身軽さはない。買い物に行くこと、病院に通うこと、通学すること。行政や病院、そして商店のさまざまな対応や工夫にもかかわらず、命と生活と教育を守るためのライフラインの確保にも、地方は多くの困難を抱えている。

巷間言われる通り、地方の出生数と若者人口の減少は深刻である。しかしその一方で、都市から地方に移住する若者が増えているという状況も生まれている。総務省が公表している平成二七年度の調査によれば（総務省、二〇一八）、都市部（三大都市圏及び大都市のうち、全域過疎及びみなし過疎を除いた地域）から過疎地域への移住者中、一〇代から三〇代の若者・青年層が五一・五％（一二八、五〇九人）と、全体の半数を超えるという事実である。四〇代から60代は、三五・九％である。若者・青年たちが、地方の過疎地域で新たに生きる場を模索しているのである。地方にとって、大きな希望であろう。しかし現在、地方で若者が望む仕事に就きながら生活することは容易なことではない。地方への移住と言えば農業への就労をイメージするが、若者が農業で生活をするには、さまざまなハードルが待ち構えている。かつての移住は、就農など職業と一体化した移住が前提であったが、グローバル化が進んだ現在、「就労することと地域社会に居場所を見付けることは別だ」というのが、むしろ現実の姿である（阿部3、二〇一八）。

とすれば、その地方の地域共同体が持つ可能性と魅力にこそ、若者の未来の希望が託されることになる。自然とともに生き、自然のサイクルの中で自給的な暮らしを営むこと。地縁の中で、豊かな経験を持つ人生の先輩たちに学び、互助の関係を築くこと。そして、伝統文化や芸能の豊かさを知ること。これら自然と人と文化との共生の可能性は、変わることない地方の持つ強みであり、大きな付加価値である。それは若者をはじめとする移住者が、人と人、人と自然の中で生活し、新たな命を育む共同体としての可能性を秘めている。しかし同時に、それは未発の可能性であり、つながることによってはじめて創り出されるものである。一方の都市にも、教育や医療、行政や法曹などの専門家がおり、子育てに関わる様々な機関や公共的な施設、図書館や大学などの高等教育機関がある。また、ＮＰＯなどの民間の活動も盛んである。これもまた、都会で子どもを真ん中に置いた共同体をつくりだす上での付加価値である。

地方であれ都市であれ、その地域の歩みの中に、新たな希望を育む共同体を創り出す条件はある。今、その可能性を模索し始めた若者たちが、ある者は地方へ向かい、またある者は都市の中で、さまざまな歩みを始めていることに心からのエールを送りたい。

ふるさとで生きることを選んだ定住者にとっても（それが、たとえ予定されたものであったとしても）、ふるさととは別の場所で生きることを選んだ漂泊者にとっても、その迷いと悩み、選択と決断の重さに変わりはない。と同じように、ふるさとを失った漂泊者にとっても、今ふるさとで生きる定住者にとっても、ふるさとは、自分が生を享けたかけがえのない場所である。親しんだ風土への愛着と記憶が消えることは、決してない。そのことを痛切に思い知らされるのは、ふるさととは別の地で生き抜くことを決めるころである。その時、漂着の地は、未だそれ以上のものでもそれ以下のものでもない。

翻《ひるがえ》って、今ふるさとに生きる者にとってのふるさととは、どのようなものなのか。地域には、かつてのような濃密な人間関係は失われつつある。情報化とグローバル化がすすむ中で、ふるさとが持っていた個性は、年を経るごとに均質化されている。そして、世間との距離が近い分、地方での孤立感は重い。ふるさとに生きる者としてのアイデンティティもゆらいでいるのである。

今、都市に生きる漂泊者にとっても、ふるさとに生きる定住者にとっても、ふるさとはそこにあるものではない。それぞれが、それぞれの生きる場でつくりだしていくものになったのではないのか。

前福井県知事の西川一誠が、『「ふるさと」の発想―地方の活力を活かす』（岩波新書、二〇〇九）の中で述べた「新しいふるさと」に共感を覚える。西川によれば、「新しいふるさと」とは、個別化された社会に対し、「自由な意思に基づいて、自らが主体的につくり上げるつながりの一形態」である（同著、一一三頁）。それは、「自ら選んで参加し、つくり、共に活動する」「共動社会」であり、「この共動社会が根づく場所が『新しいふるさと』」である（同前、一三七頁）。そこには、権力的な関係も、ものやお金のやりとりに終始するような関係もない。出入りも自由である。その中心になるテーマは、学びとケアと文化、そして創造的で循環的な物づくりを介した人と人がかかわる場であろう。それは、ふるさとを失った漂泊者にとっての、そして、ふるさとに生きる定住者にとっての「新しいふるさと」である。さまざまな装いをもった「新しいふるさと」が、地方にも都市にも生まれ、それがゆるやかかつながっていくとき、そこに、少しずつ新しい社会の姿が見えてくるのだと思う。

一九三〇代から一九五〇年代に、それまで、地域の子育てに大きな影響力を持っていた地域共同体（村）による教育の基盤は大きく揺らぎ、一九六〇年代以降は、学校教育がそれに取って代った。そして、「村を捨てる学力」を身に付けた子どもたちは、次々と村を後にした。私もその一人である。こうして、ふるさとである村の形は変わっていった。この転換期に当たり、羽茂村は、村の中に「村を育てる学びの共同体」をつくり、東井義雄の言う「村を育てる学力」を身に付けた青年たちが村に残り、村を継いだ。三〇年に及ぶ羽茂村の歩みは、羽茂村の人びとが、戦前・戦時・戦後という未曾有の苦難と大きな価値の転換の中で、次代に引き継ぐべき「新しいふるさと」の姿を模索し、創造してきた過程であったと言えよう。地域の中で人を育てることに、村の未来を見ようとしたのである。そしてその未来を、学校と地域と行政が、また異なった世代同士がつながり合い、創り出そうとしたのである。そのことを、記憶に止めておきたい。

その時から七〇年が経ち、今また私たちは、「新しいふるさと」の姿を模索している。三・一一の光景は、空襲後の焼け野原の光景に重なる。敗戦後日本人は、廃墟に立ち、それぞれの場所で「新しいふるさと」をつくりはじめたのだ。そして三・一一後の今、日本人は、人と自然、人と人とのかかわりの中で生を育む場として、現代社会の先に見える「新しいふるさと」の姿を求めている。都市であれ地方であれ、地域で命と人を育む〝希望としての共同体〟は、これからを生きる私たち生きるのテーマである。そしてそれが、一九三〇年代から一九五〇年代の羽茂村の地域と教育からのメッセージである。

【注】

（1）宮本常一は、一九五八（昭和三三）年秋、日本民族学・人類学連合新潟大会で初めて来島した（池田哲夫「解説 佐渡と宮本常一」二六七～二七二頁、宮本常一著作集別集『私の日本地図 七 佐渡』未来社、二〇〇九：初出は、一九七〇年に同友館刊行）。宮本は、翌年の九学会による佐渡調査以後、「没するまでに四〇回近く佐渡を訪れている」（同前、二七七頁）。宮本は、その内羽茂へ一九六一（同三六）年から一九六六（同四一）年の間に、「一〇回ほどもいったのではないか」と記している（同著「一〇 羽茂」一六七頁）。宮本は、「部落の一つ一つをあるき、夜は民家にとめてもらった。話し込んでいると夜明け近くになることが多かった」（同前）と、回想している。

（二）昭和三七年、宮本は初めて羽茂町で講演をした。宮本は、「そこに集まって来ている若者たちの眼の異様なまでに物を見つめるまなざしに出あって、ここに将来の佐渡がある」と思ったと回想している（宮本常一「島めぐり（一五）佐渡所感」『しま』第三四号 第九巻第一号 全国離島振興協議会、昭和三八年六月号、二一頁）。そして、この講演を機に知った杉田清を「神様のように思っている」と、さまざまな話しの場で取り上げた（宮本常一「離島の生活と文化」『日本人のくらしと文化　炉辺夜話』河出文庫、二〇一三、一三四頁)。

【引用・参考文献】

・大田堯「地域からの教育改革を(1986)―エピローグにかえて―」『地域の中で教育を問う』新評論、一九八九(初出『現代と教育』第一号、一九八六)(大田3、三四一～三四五頁)
・内田樹『街場の共同体論』潮出版社、二〇一七(内田、一三一頁)
・玄田有史『希望のつくり方』岩波新書、二〇一〇(玄田2、三〇頁)(玄田3、七四頁)
・鶴見和子 川田侃編『内発的発展論』東京大学出版会、一九八九(鶴見2、五三頁)
・阿部真大『「地方ならお金がなくても幸せでしょ」とか言うな! 日本を蝕む「おしつけ地方論」』朝日新書、朝日新聞出版社、二〇一八(阿部1、三頁)(阿部2、四頁)(阿部3、九〇頁)
・総務省地域力創造グループ過疎対策室「過疎地域の人口移動に関するデータ分析(概要)」平成三〇年中、「都市部から過疎地域への移住者の属性(年齢別)」(総務省、一一頁)(www.soumu.go.jp/main_content/ooos29975.pdf)

おわりに

本書の表題である「村に立つ教育」は、酒川哲保が、一九五八年の一月に発表した論稿「地域に立つ教育」から着想を得た。

酒川は、「僻地の社会性が僻地に立って僻地を超えるように成長する」ところに子どもたちと村の未来を見つめていた（前掲「地域に立つ教育」六五頁）。酒川は、どこかからの借りものではなく、求める子どもと村の姿を、あくまでも佐渡の羽茂村という僻村に立ち、僻村を越えるところに見ていた。そこには、戦後佐渡の僻村から、新しい時代の地域教育を打ち立てようとした酒川の自負と矜持が込められていたと思う。

同時代の地域教育の実践家に東井義雄がいることとは、本書で述べた。前年の一九五七年五月に、東井は、兵庫県の山村から『村を育てる学力』を世に問うた。一九五〇年代の地域教育実践の到達点と言われた同著を酒川が読んでいたかどうか、定かではない。しかし、一九五〇年代の末という時代の転換点にあって、村を舞台に、村を育てるふたつの教育実践が展開されていた。そのことを、記憶しておきたい。そこで語られた未発の可能性を、私たちは、どれだけ汲み取っているだろうか。本書を閉じるにあたり、今私は、改めてその問いの前にいる。

さて、島に生まれた者には、三つの生きる道がある。島で生まれ島で生きる定住者としての道、島で生まれ一時島の外で生き島に帰る一時漂泊者としての道、そして島で生まれ島の外で生きる漂泊者としての道である。そこに至る事情はさまざまであり、それぞれの決断と生きることの重さに変わりはない。

佐渡が生んだ文芸評論家の青野季吉（一八九〇―一九六一）は、漂泊者としての道を歩んだ人である。青野は、一九四二（昭和一七）年に名著『佐渡』を著した。それを再版刊行（発行所 佐渡郷土文化の会、昭和五五）したのが、佐渡に定住し、地域文化運動の芯として、島の中、そして島の内と外をつなぎながら、一貫して佐渡の地域文化を支えた郷土史家の山本修之助（一九〇三―一九九三）である。山本は、その中で、青野の故郷に対する思いをこう記している。「初版の『後記』に、『私は佐渡に生まれて、佐渡を喪《うしな》った一人だ。しかし、喪ったことは、忘れたことではない』と書いている。」「忘れることのないふるさとである。さらに、深く愛していたことであろう」と（同著「再版刊行について」）。こうした青野の思いは、佐渡を後にしたすべての漂泊者の思いである。そして、私もその一人である。

自らの教育活動に対するさまざまな悔いは、もはや取り戻す術もない。それでも、故郷の佐渡はもちろんのこと、今教育の現場で、家庭や地域で、また行政の最前線で命を育み人を育てる場をつくろうと模索している人々の、少しでも力にしてもらえるならという思いで、ここまで書いてきた。私にとって、本書はひとつの区切りであり、新たな出発点でもある。今を生きる場から、これから何を生み出していけるのか、また動きながら、創りながら考えていきたいと思う。

本書をまとめるに当たり、多くのみなさまの支えを受けた。まず、新潟大学で、還暦を過ぎた学生を地域教育史の世界へと導き、その拙い研究生活を支えて下さった木村政伸先生（現九州大学教授）に、心から感謝を申し上げる。薄暗い教育学部棟の六階は、私にとって二度目の青春の場所であった。また、全国地方教育史学会や中等教育史研究会では、発表の場や懇親の機会を与えていただき、多くの示唆を得ることができた。そして、羽茂村を舞台に本書をまとめることができたのは、ひとえに羽茂在住の郷土史家で歌人でもあった藤井三好さんの研究や、藤井さんを中心にした郷土史関係者による郷土資料の保存によるところが大きい（現在、羽茂地区公民館所蔵）。藤井さんは、二〇一六（平成二八）年九五歳の天寿を全うされた。厳密に資料に基づいた分かりやすい記述は、それが、これからの羽茂をつくる住民を念頭に置いて書かれたからである。私は、そうした在野の研究者の姿からも、大きな励ましをいただいた。また、藤井さんをはじめ、石塚一幸さん（琴浦の地域開発を担った中心的な当時の青年）、佐々木稔さん（酒川のもとで働いた元羽茂小学校教諭）、本間重雄さん（本間瀬平の孫で、元マルダイ味噌代表）、中川淳さん（羽茂農学校　昭和二三年卒業生）と本間愼さん（羽茂高校　昭和二五年卒業生）からは、貴重な証言をいただいた。羽茂小学校と南佐渡中学校及び羽茂高等学校からは、貴重な資料と写真の閲覧や提供を受けた。記して、お礼に代えさせていただく。最後に、私の拙い修士論文に目を止めて下さり、厳しい出版不況の中、本書の出版まで導いて下さった新船海三郎氏と本の泉社に、心から感謝申し上げる。

二〇一九年六月　知本康悟

知本 康悟（ちもと こうご）

1955（昭和 30）年 新潟県旧佐渡郡真野町大字四日町（現佐渡市四日町）に生まれる。

1974（同 49）年 新潟県立佐渡高等学校卒業。

1978（同 53）年 立命館大学文学部史学科日本史専攻卒業。

35 年間、千葉県および新潟県の、主に中学校社会科の教師として勤める。最後の 6 年間を、校長として、島内の深浦小学校と羽茂中学校の閉校、及び南佐渡中学校開校の任に当たる。

南佐渡中学校を定年退職後、新潟大学大学院（教育学研究科学校教育専攻）で地域教育史を学ぶ（修士課程修了）。

全国地方教育史学会、教育史学会会員

現在　新潟市在住

村《むら》に立《た》つ教育《きょういく》

—佐渡《さど》の僻村《へきそん》が挑《いど》んだ「村《むら》を育《そだ》てる学《まな》びの共同体《きょうどうたい》」の創造《そうぞう》—

2019年　8月 5日　初版第 1 刷発行

著　者　知本 康悟

発行者　新舩 海三郎

発行所　株式会社 本の泉社

〒 113-0033　東京都文京区本郷 2-25-6

TEL：03-5800-8494　FAX：03-5800-5353

http://www.honnoizumi.co.jp

DTP　杵鞭 真一

印刷　亜細亜印刷（株）　／　製本　（株）村上製本所

ISBN 978-4-7807-1937-6　C0037

凡例
市街地
大字
縣道
縣道豫定線
郡道
里道
河川
海底電線
中學校
佛閣神社
名勝古跡
東
浦
前
濵
內
三
崎
外
三
崎
西
濵
西
浦
眞野灣
直江津へ七十四浬
伏木へ百二十五浬
敦賀へ二百二十五浬
寺泊へ二十二浬
出雲崎へ二十五浬
直江津へ三十
酒田へ八十浬
十八浬
河崎村
水津村
岩首村
新穗村
畑野村
松ケ崎村
赤泊村
眞野村
羽茂村
西三川村
小木町
二宮村
澤根町
相川町
二見村
經塚山
大日岳
飯豊山
38°00′
38°50′